高管特征与新股定价

戈园婧 著

GAOGUAN
TEZHENG YU
XINGU
DINGJIA

经济日报出版社

北京

图书在版编目（CIP）数据

高管特征与新股定价 / 戈园婧著. -- 北京 : 经济日报出版社, 2024. 9. -- ISBN 978-7-5196-1520-8

Ⅰ. F830.91

中国国家版本馆CIP数据核字第20243VU015号

高管特征与新股定价
GAOGUAN TEZHENG YU XINGU DINGJIA

戈园婧　著

出　　版：	经济日报出版社
地　　址：	北京市西城区白纸坊东街2号院6号楼710（邮编100054）
经　　销：	全国新华书店
印　　刷：	北京建宏印刷有限公司
开　　本：	710mm×1000mm　1/16
印　　张：	10
字　　数：	150千字
版　　次：	2024年9月第1版
印　　次：	2024年9月第1次印刷
定　　价：	52.00元

本社网址：www.edpbook.com.cn，微信公众号：经济日报出版社
未经许可，不得以任何方式复制或抄袭本书的部分或全部内容。**版权所有，侵权必究。**
本社法律顾问：北京天驰君泰律师事务所，张杰律师　举报信箱：zhangjie@tiantailaw.com
举报电话：010-63567684
本书如有印装质量问题，请与本社总编室联系，联系电话：010-63567684

前　言

　　这是一本研究 CEO 在公司发行上市过程中所扮演的重要角色的书。CEO 作为影响公司运营、投融资与战略决策的关键人物，其在新股发行（IPO）这一最重要的融资活动中扮演着至关重要的角色。然而，现有研究较少从 CEO 角度深入研究新股发行过程，因此本书从行为金融学的视角出发，提取 CEO 的特征，探讨了 IPO 定价调整和短期表现等相关问题。

　　在新股发行体制改革的背景下，本研究将新股发行体制改革"窗口指导"取消阶段和重启阶段作为研究样本，深入研究了 CEO 特征如何影响 IPO 的定价调整和短期表现。通过对 CEO 特征的各项分析和模型构建，作者试图揭示不同 CEO 特征对 IPO 定价调整和短期表现的可能影响，同时结合多元回归分析进行探讨。本书通过剖析 CEO 特征与新股发行关系，拓展了 IPO 研究领域的视角，为理解 CEO 在 IPO 过程中的作用提供了新思路。通过对"窗口指导"取消和重启阶段的比较分析，本书试图揭示 CEO 在不同阶段影响 IPO 定价的异同，并以此探究其内在机理。

　　针对"窗口指导"取消阶段 CEO 特征如何影响 IPO 定价调整及短期表现的问题，本书在高阶梯队理论、禀赋效应理论、心理账户理论、文化价值理论以及信号理论的支撑下，做出不同 CEO 特征对 IPO 定价调整和短期表现的相关假设，包括 CEO 特征对 IPO 价格调整和 IPO 短期收益率的影响假设；针对 CEO 的各类特征和不同的因变量构建回归模型，在构建以 IPO 短期收益为因变量的回归模型时，考虑依次和同时加入 IPO 价格调整以及 IPO 首日收益率来观察它们对短期收益的影响；最后进行描述性统计分析和多元回归分析，包括对 CEO 各个特征以及各 IPO 定价调整和短期表现的描述性统计，以及对多个多元回归模型的结果分析。针对"窗口指导"重启阶段CEO特征如何影响IPO定价调整及短期表现的问题，本书在前一部分内容的基础上，继续采用CEO的各类特征，对"窗口指导"重启阶段IPO的定价和短期表现的影响进行理论分析和实证分析。另外，将两阶段"窗口指导"政策下CEO特征对IPO定价调整及短期表现影响进行对比分析，分析两阶段CEO所扮演的不同角色，以及扮演不同角色的内在机理。

本书的研究拓展了IPO研究的视角，从发行人微观治理结构中挑选CEO的特征作为切入点，以行为金融学理论为支撑来分析我国新股体制改革背景下CEO对IPO的影响；本书的研究构建了无"窗口指导"约束定价机制下CEO特征影响IPO定价调整过程的理论框架，以及有"窗口指导"约束定价机制下CEO特征影响IPO短期表现的理论框架；本书的研究验证了CEO特征会对新股的定价调整幅度以及上市后的表现产生显著的影响，但其影响会受到监管政策的制约；本书以"窗口指导"取消阶段即较充分的市场化定价阶段为研究样本，揭示了我国新股发行市场中发行人、承销商和投资人的投机性行为偏好。

希望本书能够为研究者、实业界及决策者们提供有益的参考，深化对CEO在新股发行过程中扮演的角色与影响的认识。

目　　录

第一章　绪论 ……………………………………………………… 1
第一节　课题背景及问题提出 …………………………………… 1
第二节　研究的目的和意义 ……………………………………… 4
第三节　国内外研究现状综述 …………………………………… 6
第四节　研究内容和结构设计 …………………………………… 12
第五节　研究方法和技术路线 …………………………………… 15

第二章　CEO 特征影响 IPO 定价调整及短期表现的理论基础 ………… 19
第一节　基本概念界定 …………………………………………… 19
第二节　CEO 特征影响 IPO 定价调整过程的理论依据 ………… 25
第三节　CEO 特征影响 IPO 短期表现的理论依据 ……………… 38
第四节　本章小结 ………………………………………………… 40

第三章　新股发行体制改革"窗口指导"两阶段分析 ……………… 41
第一节　新股发行体制改革前的演进历程 ……………………… 41
第二节　新股发行体制改革"窗口指导"取消阶段
　　　　（2009—2014 年）……………………………………… 46
第三节　新股发行体制改革"窗口指导"重启阶段
　　　　（2014—2017 年）……………………………………… 52
第四节　两阶段 CEO 特征影响 IPO 定价调整及短期表现的
　　　　理论框架 ………………………………………………… 55

第五节 本章小结 …………………………………… 58

第四章 CEO特征和IPO定价调整及短期表现的测度及现状分析 …… 60
第一节 CEO特征测度及现状分析 …………………………… 60
第二节 IPO定价调整及短期表现的测度及现状分析 ………… 81
第三节 本章小结 …………………………………… 85

第五章 "窗口指导"取消阶段CEO特征对IPO定价调整及短期表现的影响 …………………………… 87
第一节 理论分析与研究假设 …………………………… 87
第二节 研究设计 …………………………… 91
第三节 实证结果与分析 …………………………… 96
第四节 本章小结 …………………………… 108

第六章 "窗口指导"重启阶段CEO特征对IPO定价调整及短期表现的影响 …………………………… 110
第一节 理论分析与研究假设 …………………………… 110
第二节 研究设计 …………………………… 111
第三节 实证结果与分析 …………………………… 115
第四节 两阶段"窗口指导"政策下CEO特征对IPO定价调整及短期表现影响的对比分析 …………………… 129
第五节 本章小结 …………………………… 130

第七章 结论 …………………………… 131

参考文献 …………………………… 134

第一章 绪　　论

第一节　课题背景及问题提出

　　首次公开发行（Initial Public Offerings，以下简称 IPO）是公司重要的融资手段之一，也是公司战略规划的重要决策之一。作为公司运营决策的核心参与者与制定者，首席执行官（Chief Executive Officer，以下简称 CEO）会对 IPO 的定价调整以及短期表现产生较大影响。在两权分离的现代公司管理制度下，信息不对称以及"两职合一"等问题使得管理层的权利凌驾于董事会之上，这种环境使得位于管理层结构顶端的 CEO 拥有更大的权利，因而他们能够直接通过决策影响新股的发行价格。从招股说明书中的初始价格到发行价格，IPO 市场的参与主体（发行人、承销商和投资者）在博弈中发掘新股的价值，并为己方谋求尽量大的利益空间，最终形成的发行价格相对于初始价格的增长率被称为"定价调整幅度"（Price Revision）。定价调整幅度的大小与多种因素相关，常见的研究包括投资者以及承销商对公司信息的提取给 IPO 定价调整带来的影响，缺少对发行人相关行为的研究。CEO 表现出来的个人特征会影响 IPO 的参与主体对公司的价值判断，Blankespoor，Hendricks 和 Miller（2017）把 CEO 在 IPO 路演时的视频给投资者播放并进行评价，如果路演中的 CEO 看起来能力出众、值得信赖，那么 IPO 的初始定价就会水涨船高，同时股票在二级市场的估值也会提高，这一结果说明 CEO 的特征会影响投资者对公司的估值，进而会影响股票价值[1]。

直到2009年年初，中国证券监督管理委员会（CSRC）仍然对首次公开发行市场进行严密的监管，其中包括"窗口指导"政策，即把新股发行市盈率（Price-earnings ratio，即P/E）限制在30倍以内。这种对发行价格的严密监管并没有给发行人留下太多空间来设定发行价，并且导致IPO市场出现严重的抑价现象[2]。为了缓解抑价现象，2009年6月中国证监会取消了这一政策，允许市盈率超过30倍，这使IPO公司在设定发行价格方面拥有了自由裁量权[3]。这一政策变化导致两种不良后果：（1）发行价格被制定得过高，而二级市场并未接受这种过高的定价；（2）新股在二级市场公开交易之后的价格暴跌导致购买IPO股票的投资者遭受重大财务损失。2014年6月，中国证监会重新启用"窗口指导"政策以纠正IPO市场定价过高的问题，这一次证监会将市盈率限制在23倍以内，比2009年前的30倍市盈率更加严格。

本书研究了首席执行官在两阶段——"窗口指导"取消和"窗口指导"重启阶段——如何影响IPO的定价及短期收益。IPO的初始价格最初是在招股说明书中提出的，但公司通常会在发行前更新此初始价格以设定发行价格[4-5]，这个更新过程称为定价调整，这个过程反映了CEO在公司内部的权利以及CEO和承销商议价的能力[6]，而上市后的短期回报则反映了公司外部投资者的偏好[7]。

研究中国CEO对IPO过程影响的重要性体现在以下三个方面。

一是，中国的文化背景为本书的实证研究提供了理想的环境。中国文化中从古至今沿袭下来的金字塔似的权力结构让公司的高层管理者容易独掌大权，也就让CEO容易在决策上具有专制性，让CEO能够在很大程度上影响公司的运营管理和战略决策；中国在权力距离指数上得分较高[8][9][10]，权力距离指数越高说明社会中明确建立并实施了越严密的等级制度[11][12][13]。作为公司的领导者，中国的首席执行官在这种文化背景下拥有更多的权力，有些环境中CEO的权力甚至可以凌驾于董事会之上[14]。因此，相对于其他国家而言，我国公司的CEO对公司运营管理的影响力会更加显著，公司中的其他人倾向于跟随CEO以避免冲突，CEO可能成为首次公开发行股票的真正价格制定者。

二是，中国预备公开发行股票的公司必须满足中国证监会制定的最低发行条件，而能够达到条件的公司相对较少，导致证券公司为了得到这些公司的承销资格而产生激烈竞争，这使这些公司的首席执行官相对于承销商具有更大的议价能力。例如，中小板发行上市的财务要求之一是公司连续三个会计年度的净利润必须为正，并且这些净利润累加起来超过3000万元人民币。这些限制性条件筛选出的合格公司相对较少，从而创建了以合格公司为主导的卖方市场，因此最后获得承销资格的承销商会更尊重CEO的意见。

三是，大量研究表明首席执行官是影响公司决策的关键因素，这些决策包括战略决策、投资决策以及财务政策等[15][16][17]，因此首次公开发行作为最重要的融资决策之一也必然会受到首席执行官的影响。然而，现有的文献较少从CEO的角度入手对新股发行定价进行研究[18]。Ljungqvist（2006）认为发行人能够影响新股的发行价格，如果发行人的议价能力越强，那么新股发行的价格就会越高，抑价水平也会越低[19]。Ljungqvist（2006）肯定了发行人在新股定价中的重要地位，但他也提出发行人的议价能力难以衡量。本书从行为金融学的角度研究了CEO的特征如何影响IPO的定价。CEO的特征代表个人的自然属性和社会属性，包括性别、年龄、文化水平、收入以及CEO与他人或与其他组织之间形成的社会关系。

在研究样本的范围方面，本书选取了2009年6月到2017年4月在我国中小板市场上市的公司作为研究对象。选择2009年6月作为研究范围的起始时间点，是因为我国新股发行体制改革从此时拉开了序幕，而以市场化改革为指导方向的制度改革打破了我国从股票市场建立伊始就一直奉行的行政化指导，同时"窗口指导"政策也被取消，这场改革是我国IPO市场建设发展过程中的一座里程碑，因此，本书选择2009年6月作为研究范围的起始点。本书之所以选择在中小板市场上市的公司，原因有以下三个方面。首先，由于我国的中小企业是我国经济发展的中坚力量，中小板上市的企业涵盖了全国各地经营状况良好的中小板公司[20][21]。其次，中小板上市的企业多数为非国有企业，这样的企业相比国有企业中的CEO具有更多的权力与更高的地位，能够在新股发行的过程中掌握更多的发言权，因此具有更大的研究意义。最后，中小板上市的企业虽然行业不同，但大多规模比较接近，样本间差别较小，且面临相同制度环境，从而减少样本选择的内生性问题。

考虑到我国IPO市场新股发行体制改革的制度背景，本书将样本总体划分为两个子样本，以2014年6月重启"窗口指导"政策作为划分节点，将2009年6月到2014年2月这一阶段定义为"窗口指导"取消阶段，2014年6月到2017年4月的阶段定义为"窗口指导"重启阶段①。

第二节 研究的目的和意义

一、研究目的

本书以2009年6月到2014年2月以及2014年6月到2017年4月这两个阶段的新股发行改革为研究背景，提取了CEO的特征，从CEO的角度探讨了IPO定价调整的相关问题，对CEO的特征如何影响IPO的定价调整及短期表现的问题进行研究。本书研究目的如下。

第一，开拓IPO定价调整及短期表现研究的新视角。扩展行为金融学理论在IPO研究领域的应用范围。以往的研究主要集中在承销商和投资者的视角上，本书拟从CEO的视角研究IPO定价调整及短期表现。而行为金融学在IPO研究领域的应用也拓展了行为金融学的适用范围。

---

① 2014年2月到6月，IPO发行暂停。

第一章 绪　论

第二，构建行为金融理论视角下 CEO 对 IPO 定价调整及短期表现影响的理论分析框架。以文化价值理论、高阶梯队理论、禀赋效应理论、前景理论以及心理账户理论和信号理论等相关理论为基础，结合 CEO 特征在各理论下的不同表现，建立 CEO 对 IPO 定价调整及短期表现的理论分析框架，从理论角度探析 CEO 特征影响 IPO 的内在机理。

第三，通过实证分析揭示我国新股发行市场中发行人、承销商和投资人的行为偏好，为未来进一步深化新股发行市场化改革提供新思路，使监管层可以针对各个主体的行为偏好设计相应的政策规则，平衡三者之间的关系，从而达到各个行为主体归位尽责的目的。同时，发行人、承销商和投资者也可以根据本书构建的理论模型预测验证彼此的行为偏好，进一步提高新股发行定价效率。

二、研究意义

本研究以我国上市公司 IPO 定价调整过程为研究对象，从 CEO 特征的角度分析了不同阶段其对 IPO 定价调整的影响，具有重要的理论意义和现实意义。

（一）理论意义

第一，本研究有助于进一步加深 CEO 特征对 IPO 定价调整过程的理解。以往的研究多数倾向于探索承销商和投资者在价格发现过程中的作用，或者从发行公司财务数据和发展战略等方向挖掘公司的内在价值，但这些研究忽略了推动公司业绩背后核心决策群体的影响力，为不同公司环境下的经理人们做出了理性假设的前提。然而高阶梯队理论认为人存在有限理性，高管的特征会在一定程度上影响公司的业绩水平和发展战略，从而影响 IPO 的推进和定价的过程，本研究从 CEO 特征出发以加深对 IPO 定价调整的理解。

第二，本研究有助于深入理解 CEO 社会属性对 IPO 定价调整的影响。现有的研究大多从 CEO 的自然属性比如年龄、性别等入手研究其对公司业绩的影响，本书同时选取了 CEO 的社会属性特征进行研究。

第三，本书从 CEO 特征的视角出发，研究了 CEO 特征对新股短期表现的影响，丰富了新股短期表现影响因素的研究。

（二）现实意义

第一，CEO 的决策在给公司带来更多财富和机遇的同时，也可能给公司带来阻碍和危机。了解 CEO 特征如何影响新股定价之后，发行人可以制定更加完善的内部控制制度与 CEO 的权力相制衡，或者在遴选 CEO 的过程中就带有预见性地做出选择。承销商和发行人需要权衡各方面因素制定新股的价格，本书的研究结果可以为承销商的协商提供参考，承销商可以通过 CEO 特征了解其定价偏好，从而更有效地发掘新股的价值。投资者也可以根据 CEO 的特征判断其价值倾向和决策偏好，从而帮助他们做出有针对性的投资决策，以减少公司发展阻碍，规避公司发展的危机。

第二，研究 CEO 特征对 IPO 过程的影响可以为监管层未来的监管政策提出建议，帮助监管机构在 CEO 的行为偏好基础上制定相应的政策约束规范其行为，为新股发行制度进一步市场化改革打下良好的基础。

第三节　国内外研究现状综述

既有研究主要包括高管团队特征对 IPO 定价的影响，CEO 特征对 IPO 定价的影响。IPO 定价相关的研究则主要包括了定价调整和长期表现的影响。本书对以上几个方面的文献进行了回顾。

一、关于高层管理团队特征对 IPO 的影响研究

（一）高层管理者对公司战略和绩效的影响

Hambrick 和 Mason 在 1984 年提出了高管梯队理论。该理论将影响公司运营管理的人为因素（如高层管理者的个人特征）纳入影响决策的考量中，认为高层管理者不同的个人特征会影响其决策制定，最终影响公司的管理与发展[23-27]。高阶梯队理论认为高层管理团队包括不同的个人，个

人的决策就必然包含不理性因素，所以公司的战略决策和运营发展都会受到高管个人的影响[28]。尤其在公司面临巨大的挑战时，比如公司是否进行跨国拓展或者首次公开发行，高层管理者的个人特征的影响会更为显著。

黎海珊（2014）等的研究发现高层管理团队中的性别比例会对经营管理产生显著影响，即女性在高管团队中的比例越高时，公司的过度投资行为会越少，公司运营管理的水平越稳定[29]。秦双全（2014）的研究发现高层管理团队的教育背景以及任期和公司的业绩呈显著的正相关关系，但是高层管理团队的年龄对业绩的影响并不显著[30]。与秦双全（2014）的研究结论不同，朱大鹏和孙兰兰（2015）的研究认为高层管理团队的年龄越小，营运资金的管理绩效会越好，同时他们也发现高层管理团队的教育背景和职业经历对营运资金的管理绩效有显著的正向影响[31]。

（二）CEO 特征对公司战略和绩效的影响

CEO 个人特征的不同，包括年龄、教育背景以及社会关系网络等会让 CEO 形成不同的逻辑思维模式、管理运营水平以及风险偏好等[32]，并最终影响 CEO 在运营管理公司中的表现并影响公司的经营绩效和未来发展[33-34]。

此前已有大量研究考察了 CEO 特征对公司业绩的影响，研究结果显示，CEO 特征对公司业绩具有正向作用、反向作用或无影响[35-38]。CEO 特征对公司的影响主要包括两个方面：一方面，CEO 制定公司的各项决策，直接影响公司的绩效和发展；另一方面，CEO 对高层管理团队的领导和管理会影响组织架构，从而间接地影响公司的管理和发展[39]。除了直接影响，由于 CEO 在公司内部处于最高位置，能够对高层甚至中层管理团队起到评选和培养的作用，因此，相对于其他人而言，CEO 对公司的间接影响会更大。总而言之，CEO 的个人特征比其他管理者的个人特征在影响公司绩效和发展方面更关键[40]。有学者研究发现在 CEO 特征中，CEO 的年龄越大，营运资本融资风险越低；CEO 担任时间越长，营运资本融资风险越高[41]。

(三) 高层管理团队特征对 IPO 的影响

以往的研究主要探索高层管理团队的特征对 IPO 的影响,考察了整个团队对首次公开发行的影响力。多数研究表明,若高层管理团队特征传递出较高的管理能力信息或者较高的公司价值信息,可能使 IPO 产生较低的抑价水平。高层管理团队的特征能够向外界传递具有价值的信息,具有较强管理能力的高层管理团队会更倾向于向外界传递真实的信息,这样就会降低市场参与主体间的信息不对称,从而可能使 IPO 的抑价程度更低[42]。有研究表明高层管理团队的特征能够向市场传递公司的内在价值信息,优秀的高层管理团队传递给市场的信息是优秀的公司运营水平和较高的成长空间,从而提高首次发行新股的需求[43]。

Chemmanur 和 Paeglis (2005) 的研究表明,高声誉的高层管理团队传递了公司具有更高管理能力的信息,投资者会倾向于购买这一类的首次公开发行的股票,从而产生较低的抑价率,同时也会吸引较高声誉的承销商,产生较低费率的承销费用[44-45]。梁彤婴 (2008) 等学者选择了 2004 年到 2008 年在中小板上市的 A 股公司作为样本,经研究发现,高层管理团队的特征信息可以向外界传递公司的价值信息,降低信息不对称的程度,降低新股发行的抑价水平[46]。另外,针对高层管理者的性别特征的研究指出,女性高层管理者在高层管理团队中占的比率越高,新股的抑价水平越低[47-48]。

二、关于 IPO 定价调整和长期表现影响因素的研究

(一) IPO 价格调整幅度的影响因素

IPO 定价调整 (Price Revision) 主要是指招股说明书初始价格到最终发行价格的调整幅度,这一过程也是新股价值发掘和多方博弈的结果。现有研究多数集中在承销商以及投资者如何通过私人以及公共信息的导入获得新股定价[49-50]。信息不对称理论认为,首次公开发行的价格从立项申请到最终上市发行的过程中,会被各种不确定因素影响,不确定因素会被纳入发行价格中[51]。发行人、承销商和投资者在这个过程中将各自的信息

纳入发行价格，新股价格从最初招股说明书中披露的初始价格调整到最终的发行价格的幅度越大，IPO 的首日收益率也会越高[52-53]，这说明部分信息已经被局部地调整纳入发行价格。

(二) IPO 抑价现象的影响因素

新股抑价现象普遍存在于各国新股发行市场。IPO 抑价指的是新股在一级市场上的发行价格远低于新股上市后的二级市场价格，造成 IPO 抑价现象的因素主要有两个：一是信息不对称理论；二是行为金融学理论。

信息不对称存在于新股发行市场的各个主体之间，柠檬市场可以解释股票发行人和机构投资者之间的信息不对称，承销商垄断假说可以解释股票发行人和承销商之间的信息不对称。新股发行市场即柠檬市场，各公司发行的新股即为市场上的商品，投资者作为买方并不清楚新股的内在价值，所以投资者不愿意买入比新股平均价格高的股票，同时公司价值较高的发行人为了顺利发行，会将价格定得低于市场平均价，从而产生抑价。承销商垄断假说是 Baron 在 1982 年提出的，在这一假说中，承销商在发行股票市场上具有信息优势，虽然发行人希望能够尽量提高发行价格从而通过股票发行募集足够多的资金，但是承销商则希望以更低的价格来保证新股发行的成功，而且以更低的价格发行可以减少股票发行后价格大跌甚至跌破发行价格的风险，保证承销商声誉不会受到损害。因此，承销商在股票发行市场上的垄断地位会迫使发行人做出妥协，以较低的发行价格换取承销商在发行股票方面专业的服务。

我国资本市场新股定价中也存在信息不对称的情况。资本市场新股定价的信息不对称主要表现在市场参与者之间，主要参与者包括了发行人、承销商以及投资者。一方比另一方拥有更多或更准确的信息，从而导致在新股定价过程中，对股票的预期价位有所不同，从而导致交易策略各异。在 A 股市场中，信息来源的不对称性可能会导致一些投资者比其他投资者拥有更多的信息。譬如，公司对外披露的信息可能存在不完全或不准确的情况，使得部分投资者无法获取真实的公司财务状况、业务前景等信息。

此外，投资者知识水平和信息获取渠道的差异也会导致一些投资者比其他投资者拥有更多的信息。一些机构投资者或专业投资者可能借助其专业知识和资源，获取更多的市场和公司信息，相比普通投资者更具优势。信息不对称可能会影响市场的公平性和有效性，加剧投资的不确定性和投资者的交易风险。

解释 IPO 抑价的另一类理论为行为金融学理论，包括噪声交易理论、正反馈交易理论和投资者情绪理论。噪声交易理论即偏差存在于股票价格和其内在价值之间，偏差就是噪声，我国股票二级市场上存在大量个人投资者，由于信息不对称，他们无法获取充分的公司价值相关信息，所以容易被噪声影响判断，使其意愿买入的价格远高于股票的内在价值，从而产生抑价。正反馈交易理论认为人们在股票交易中容易产生在前一期价格上涨或者下跌的基础上追涨杀跌的行为。研究发现正反馈交易理论源于投资者的非理性投资行为，并最终导致了抑价现象的产生[54]。投资者情绪理论认为市场价格会受到投资者情绪的影响，投资者的情绪波动会影响其决策过程，从而会影响股票的供给和需求，最终导致市场的波动和股票价格变化。投资者情绪理论侧重于短期，它强调投资者情绪对市场的短期波动和价格波动的影响，而非投资行为的长期趋势。投资者情绪理论是为了解释市场价格波动背后的心理和行为机制，丰富了市场行为学的研究视角，也为交易者和投资者提供了更多关于市场行为的认识。在行为金融学领域，还有其他研究表明，投资者在决策过程中受到认知偏差和情绪的影响，导致了市场的非理性波动。投资者情绪在中国的资本市场中主要是指市场投机情绪，当市场处于下行阶段，空头情绪也会通过羊群效应传导，从而股价下跌，进而影响新股上市后的价格表现以及抑价率。

（三）IPO 长期表现的影响因素

IPO 长期表现弱势已经被众多学者研究论证，Ritter（1991）的研究表明越高的抑价率就会带来越低的长期收益，但在很多国家新股长期表现随机也逐渐被验证[55]。目前，学者们重点研究的影响因素包括公司上市前的表现、股票发行规模、股权结构等。公司上市前的盈利状况是投资者做出决策的重要依据，其中每股收益、每股销售额以及是否存在收购活动都会显著影响公司上市后的长期表现[56]。发行规模的大小也可能影响股票的长期表现，普遍认为发行股票的规模越小时，发行公司的风险越大，Brav等（2000）发现新股发行规模较小时容易出现新股长期弱势的情况[57-58]。一些研究表明公司的高层管理团队以及机构投资者持股比例较高说明公司的前景被看好[59]。同时也有研究发现，如果二级市场上的个人投资者持股水平较高时，IPO的长期表现会较好，因为个人投资者会持续关注该公司的经营动态[60]。

三、国内外研究评述

梳理相关文献发现，之前的学者主要从各个市场参与主体的角度研究了IPO定价的相关问题，其中从发行人角度出发的研究主要考察了公司战略规划和业绩对IPO定价和长期表现的影响。同时，国内外学者从CEO不同的特征对公司业绩的影响展开了研究，得出前者对后者有不同程度影响的结论。通过对以上文献的分析可知，在分析IPO定价相关问题时，研究者们忽视了高管团队中的领导者CEO的作用。现有研究在认识和分析IPO定价影响因素方面还存在以下需要解决的问题。

第一，缺乏从CEO角度出发的对IPO定价的影响研究。现有的文献过多地集中在探讨发行人的业绩这个表面现象对IPO定价的影响，没有突破既有的框架，将IPO定价研究的视角延伸至发行者内部，缺乏对表象之下的深层次机理的思考。然而，高阶梯队理论在组织行为研究中的应用表明高层管理者对公司的运营管理具有很大影响力，高管团队对IPO定价的影响程度不容忽视。同时，高阶梯队理论指出，高层管理团队中各职位的高管在不同的战略决策中所参与的程度不同，重点研究能够影响具体事务的高层管理者才能发挥高阶梯队理论的作用。作为公司战略制定的主要决策者，CEO对公司的IPO整个过程拥有重大控制权，因此，选择高管团队中的CEO作为研究对象，考察CEO特征对IPO定价的影响，能够增强高阶梯队理论的预测能力，且有助于提高研究结果的可靠性。

第二，研究对象具有局限性。现有的 CEO 对发行人战略规划和业绩影响的研究，多数研究对象是欧美发达国家的公司。这类发达经济体中的公司管理制度较为完善，市场环境规范程度也较高，公司在面临高不确定性和高风险的组织事务时，具备一套较为完善的内控制度，能够做出有利于公司发展的决策，削弱了 CEO 在关键决策中的影响力。而我国作为新兴市场国家，目前尚不具备规范化的公司内控制度，公司经营方面的不确定性和风险会对公司的生存和发展产生巨大影响。同时，我国传统文化中金字塔式的权力结构和较大的权力距离让公司的高层管理者更容易独揽大权，首席执行官更有可能手握重权，相对于其他国家而言，我国公司的 CEO 对公司运营管理的影响力会更加显著。因此，以中国公司 CEO 为样本对象，进行 CEO 特征对 IPO 定价的影响研究有更为突出的价值。

第三，现有的文献主要研究了高层管理者的自然属性对发行人的影响，较少考虑高层管理者的社会属性。首次公开发行新股的过程涉及发行人、承销商和投资者在内的多方参与主体，作为 IPO 过程中发行人的重要决策者，CEO 需要和不同相关方进行沟通磋商，因此不能单纯考虑 CEO 的自然属性，还应该考虑政府从业经历、社会关系网络以及媒体曝光量等社会属性，这样才能够将影响 CEO 决策的各种个体特征囊括在研究中。

第四节　研究内容和结构设计

一、研究内容

本书提取 CEO 的特征，从 CEO 的角度探讨了 IPO 定价调整和短期表现的相关问题。在新股发行体制改革的制度背景下，本书将研究样本分为新股发行体制改革"窗口指导"取消阶段和"窗口指导"重启阶段，并对这两个阶段 CEO 特征如何影响 IPO 的定价调整和 IPO 短期表现等问题进行了深入研究。主要研究内容如下。

第一，我国新股发行体制改革的演进以及 CEO 特征现状的分析。首先，论述我国新股发行体制改革的演进过程。从 2009 年到 2014 年的新股发行体制改革"窗口指导"取消阶段的起因着手，描述这一阶段改革的主要内容以及改革后的市场反应；探讨 2014 年到 2017 年新股发行体制改革"窗口指导"重启阶段的起因，与前一阶段的市场反应相呼应，描述这一阶段改革的主要内容以及市场反应。其次，详细讨论制度背景变化之后，接着对 CEO 特征进行定义和测度，以高阶梯队理论和信号理论等相关理论为基础，提取包括 CEO 的政府从业经历、专业职称、任期长度、教育水平、社会关系、兼任董事长、工资水平、年龄、持股比例以及媒体曝光量等 CEO 特征，并根据两阶段的划分对 CEO 特征进行统计分析。最后，分析"窗口指导"政策的取消与重启前后 IPO 市场的表现，包括"窗口指导"政策的对比分析、市盈率的变化、IPO 价格调整的变化、IPO 首日收益率的变化以及 IPO 短期收益率的变化。

第二，"窗口指导"取消阶段 CEO 特征对 IPO 定价调整及短期表现的影响。首先，在文化价值理论、高阶梯队理论、禀赋效应理论、前景理论、心理账户理论以及信号理论的支撑下，分析 CEO 特征对 IPO 定价调整及短期表现可能产生的影响，根据分析结果做出不同 CEO 特征对 IPO 定价调整和短期表现的相关假设，包括 CEO 特征对 IPO 价格调整和 IPO 短期收益率的影响假设；其次，针对 CEO 的各类特征和不同的因变量构建回归模型，在构建以 IPO 短期收益为因变量的回归模型时，考虑依次和同时加入 IPO 价格调整以及 IPO 首日收益率来观察它们对短期收益的影响；最后，进行描述性统计分析和多元回归分析，包括对 CEO 各个特征以及各 IPO 定价调整和短期表现的描述性统计，以及对多个多元回归模型的结果分析。

第三，"窗口指导"重启阶段 CEO 特征对 IPO 定价调整及短期表现的影响。在前一部分内容的基础上，继续采用 CEO 的各类特征，对该阶段

IPO的定价和短期表现的影响进行理论分析和实证分析。另外，将两阶段"窗口指导"政策下CEO特征对IPO定价调整及短期表现影响进行对比分析，分析两阶段CEO所扮演的不同角色，以及扮演不同角色的内在机理。

二、结构设计

第一章是绪论。首先，介绍了本书选题的背景和意义，以CEO的影响力为切入点结合中国IPO发行市场的政策改革背景，提出本书要研究的问题、目的和意义；其次，从三个方面归纳分析现有相关文献，包括CEO特征对公司战略和绩效的影响、IPO定价调整和短期表现影响因素的研究以及CEO特征对IPO定价调整及短期表现的影响，根据以往文献找出不足以确定论文的研究思路；最后，根据研究思路设计并规划论文的研究内容、研究方法和技术路线。

第二章是CEO特征影响IPO定价调整及短期表现的理论基础。首先，界定论文研究内容的相关基础概念，包括界定CEO和CEO特征、IPO定价调整和IPO短期表现等；其次，梳理行为金融学理论及相关理论中有关CEO特征对IPO定价调整及短期表现影响的理论依据，结合相关理论及具体的过程论证CEO特征影响IPO定价调整及短期表现的可能性。

第三章是新股发行体制改革"窗口指导"两阶段分析。本章重点分析我国新股发行体制改革"窗口指导"取消后和重启后的两个阶段，首先，介绍新股发行体制改革前的演进过程。其次，以2009年和2014年两次比较重要的改革节点划分两个改革阶段，即新股发行体制改革"窗口指导"取消阶段以及"窗口指导"重启阶段，详细论述两个改革阶段的起因、改革内容以及市场反应。最后，结合第二章理论依据构建两个阶段CEO特征对IPO定价调整及短期表现影响的理论模型。

第四章是CEO特征和IPO定价调整及短期表现的测度及现状分析。本章主要对研究变量进行测度并作出初步分析，首先对CEO的特征进行测度并分析其现状；其次对IPO定价调整及短期表现进行测度，并分析两阶段"窗口指导"下IPO市场的表现，包括政策、市盈率、定价调整幅度、首日收益率以及短期收益率在两个阶段的对比。

第五章是"窗口指导"取消阶段CEO特征对IPO定价调整及短期表现的影响。结合前述的理论基础、政策背景和变量测度，分析该阶段CEO特征对IPO定价调整及短期收益率的影响；然后分析样本期间的数据并构建相关模型，进行描述性统计分析及多元回归分析，分析并讨论实证结果。

第六章是"窗口指导"重启阶段CEO特征对IPO定价调整及短期表现的影响。首先，结合前述的理论基础、政策背景、变量测度以及"窗口指导"取消阶段的分析结果，分析该阶段CEO特征对IPO定价调整及短期收益率的影响。其次，分析样本期间的数据并构建相关模型，进行描述性统计分析及多元回归分析，分析并讨论实证结果。最后，结合前一阶段的实证结果，对两阶段"窗口指导"政策下的结果进行对比讨论。

第五节 研究方法和技术路线

一、研究方法

（一）文献分析与历史事件分析

第一章和第二章主要应用了文献分析，即通过归纳整理的方式梳理论文主题相关文献并在文献中提炼可以支撑论文结果的相关理论。整理分析相关文献，包括CEO特征对公司战略和绩效的影响、IPO定价调整和短期表现影响因素的研究以及CEO特征对IPO定价调整及短期表现的影响，根据以往文献中找出的不足以确定论文的研究思路。同时在行为金融学及相关理论文献中寻找支撑论文结果的理论解释。第三章应用了历史事件分析，即梳理分析我国新股发行市场政策改革演进过程，探索不同阶段下新股发行市场改革的不同导向及市场反应结果，为实证分析部分奠定了基础。

（二）事件研究法

实证研究部分应用了事件研究法，主要表现在对首日及短期收益率的相关研究上，即采用了事件时间收益率作为研究对象。事件研究法被应用于各个学科领域，是指研究某件事情发生前后的数据来说明该事件对某种现象的影响。这种方法常常被应用于金融领域的研究，包括重大事项公布对二级市场流通股票价格变动的影响，以及新股发行改革对股票市场的影响等。事件时间收益率即论文中涉及的在 IPO 事件后相关股票的收益率，事件研究法在 IPO 研究中被广泛地使用。

（三）多元回归分析

在实证部分应用了多元回归分析，即研究 CEO 特征对 IPO 定价调整及短期表现的影响。本书研究了多个 CEO 特征对 IPO 的定价调整幅度及短期收益率的影响方向和程度。

第四章分析了在"窗口指导"取消阶段，IPO 之前 CEO 特征对定价调整幅度的影响以及 IPO 之后市场对 CEO 特征的反应。设定了 4 个假设并采用多元回归的方式进行检验，假设 1 为"窗口指导"取消阶段具有政府从业经历的 CEO 与定价调整幅度正相关，假设 2 为"窗口指导"取消阶段 CEO 的任期与定价调整幅度正相关，假设 3 为"窗口指导"取消阶段具有专业职称的 CEO 与定价调整幅度正相关，假设 4 为"窗口指导"取消阶段 CEO 的教育水平与定价调整幅度正相关。

第五章分析了在"窗口指导"重启阶段，CEO 特征对 IPO 价格调整的影响以及对 IPO 短期收益的影响。设定了 2 个假设并采用多元回归的方式进行检验：假设 1 为重启"窗口指导"政策后，CEO 特征（即政治关联、专业职称、任期和教育水平）对定价调整幅度无显著性影响；假设 2 为重启"窗口指导"政策后，CEO 特征（即政府从业经历、专业职称、任期和教育水平）的相关信息会对二级市场上的新股价格产生显著的影响。

二、技术路线

根据前文描述的研究内容、结构设计以及研究方法，本书设计了以下技术路线。

第一，根据提出的问题对相关概念进行界定，然后在概念界定的基础上，通过梳理国内外探索归纳出的可以解释CEO特征影响IPO定价调整及短期表现的理论依据，其中高阶梯队理论、文化价值理论、禀赋效应理论、前景理论以及心理账户理论为CEO特征影响IPO定价调整过程做出了解释，信号理论为CEO特征影响IPO首日收益（即短期表现）做出了解释。

第二，对我国新股发行体制改革"窗口指导"的两个阶段进行了分析。简述了2009年之前我国新股发行体制的演进过程，包括新股发行审核制度的演进和新股发行定价机制的演进；根据证监会"窗口指导"政策的取消与重启将2009年之后的新股发行体制改革分为了两个阶段，即新股发行体制改革"窗口指导"取消阶段和"窗口指导"重启阶段，并分别探讨了各个阶段改革的起因、内容与市场反应；结合理论依据和政策背景总结出两个改革阶段CEO特征对IPO定价调整及短期收益的影响路径。

第三，根据理论分析框架和政策背景划分，在第四章到第六章进行了实证分析和描述。第四章主要对CEO特征和IPO定价调整及短期表现等变量进行测度并对数据进行初步的统计和分析，包括对CEO特征的测度及现状分析以及IPO定价调整及短期表现的测度及现状分析，并对两个政策背景阶段的IPO相关变量进行了对比分析。第五章和第六章实证分析了"窗口指导"取消阶段和"窗口指导"重启阶段CEO特征对IPO定价调整及短期表现的影响。首先，根据理论依据作出了研究假设；其次，设计构建研究模型；最后，进行了实证分析并对结果进行描述解释。

本书的技术路线如图 1-1 所示。

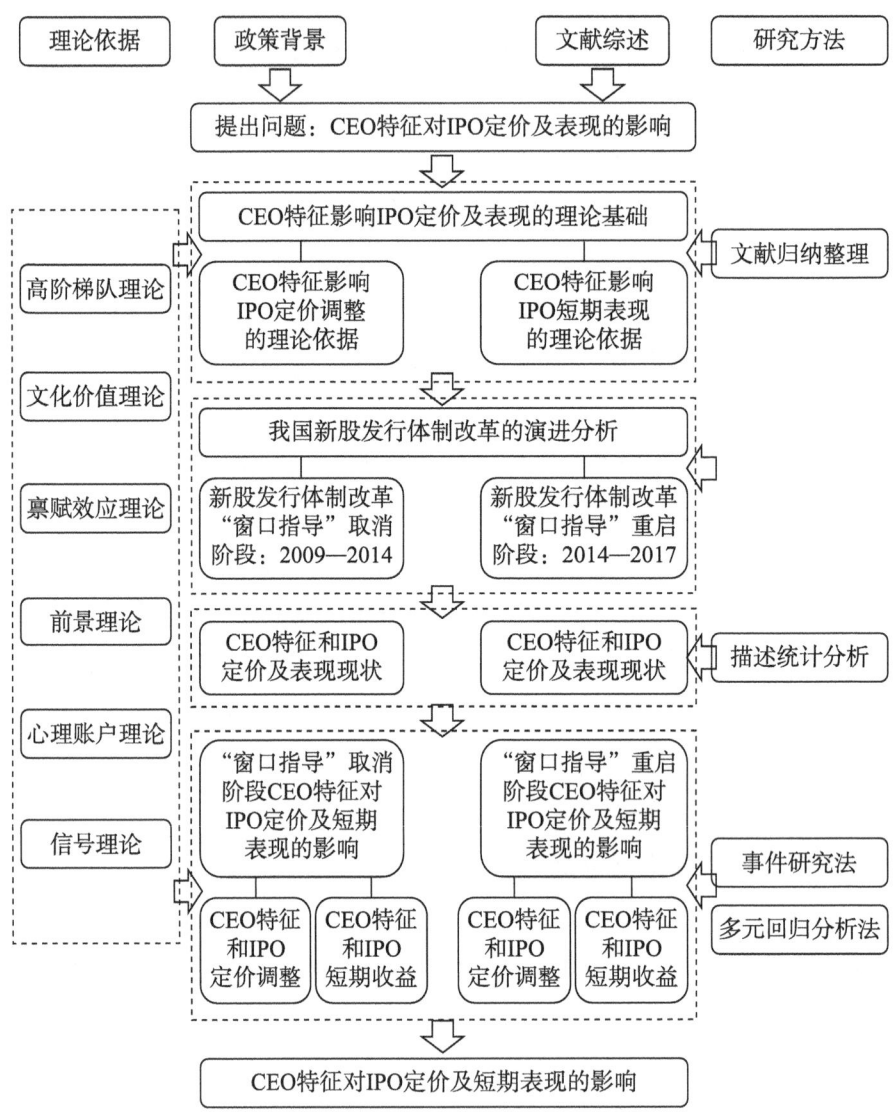

图 1-1 技术路线

第二章 CEO 特征影响 IPO 定价调整及短期表现的理论基础

第一节 基本概念界定

一、CEO 及 CEO 特征

CEO 是首席执行官（Chief Executive officer）的英文缩写，CEO 是独立的公司或者组织中负责运营管理的最高执行长官，这是企业组织结构发展到一定阶段后两权分离产生的一种制度形式。CEO 职位的诞生是两权分离的产物，从其产生到发挥真正的作用，都基于公司制度的发展和完善，公司制度是 CEO 实现其价值的前提条件和制度基础。对比国外较为完善的公司治理制度，我国的公司制度还没有达到较高的水平，所以，我国公司的 CEO 并不完全等同于国外定义的首席执行官。那么，本书首先应该厘清 CEO 的概念，不能仅以首席执行官的称谓判定公司的 CEO，而应该依据 CEO 定义中的"独立的公司中负责运营管理的最高执行长官"来判定，依据该高层管理者在组织中实际承担的责任和享有的权利，其对公司经营发展战略的决策权以及运营管理过程中的执行权，从而判断其是否为 CEO。

（一）西方公司治理背景下 CEO 概念的界定

20 世纪 60 年代，美国率先出现了 CEO，这一制度获得了越来越多的企业和组织的认可并开始流行。设立 CEO 职位已经被视为公司治理制度相对完善的一种标志，全球五百强中的欧美国家的公司多数都具有该职位，设立CEO职位被证明是能够适应复杂变化的有效制度形式。在CEO制度萌芽之前，传统的企业治理结构认为董事长和董事会是企业的最高决策主体，总经理则作为决策的最终执行人。决策和执行分离虽然有利于解决代理问题，但却使管理效率非常低下。随着技术革命迅速发展和跨国企业日趋增多，传统的公司治理结构难以适应日益复杂的挑战，公司运营管理和决策执行变得复杂且迅速多变，这就要求公司高层管理团队能够迅速且精准地实行管理、决策并执行，解决的办法就是从源头提高管理效率，设立既具有决策权又具有执行权的最高管理职位CEO。

CEO的出现使董事会的职能出现了巨大变化，董事会的角色由经营管理决策者转变成了遴选培养CEO的机构。董事会将经营管理决策的权利移交给了CEO，而只负责遴选、培养和委任CEO，CEO成为组织运营管理层面的实际领导人。因CEO直接负责公司的日常运营管理和未来战略决策，不再受到董事会的管理约束，可以独立地完成决策，因此，CEO职位的设立实现了公司治理结构上最大限度的两权分离，即资本的所有权和运作权彻底分离。

CEO职位的设立让公司内部的决策权力更加集中，CEO成为公司运营管理的实际决策人。CEO主要的权利和责任主要表现为三个方面：一是具有最高决策权，能够对公司重大事项进行决策；二是塑造公司的文化价值观，建立能够凝聚公司所有成员的环境氛围，让公司能在优良的价值观的指引下蓬勃发展；三是作为公司的代表向外界传递公司价值，向上下游企业、投资者、客户以及相关人员传递信息等。

（二）我国对CEO概念的界定

本研究界定的CEO为首席执行官或者公司的最高决策运营者，包括"CEO""首席执行官""总裁"和"总经理"这些职位。

CEO是从国外引进的一种职位，与国外的CEO制度存在一定的差别，具有比较广泛的内涵。大部分制度在引进之后都需要逐步完善，CEO在我国引入之初也只是具有外在形式。20世纪90年代，我国大量网络公司开始引入CEO的职位，成为公司治理模式的新潮流，很多公司开始把总经理或者老板的名称改为 CEO。但是这只是更换了名称，并不一定沿袭了国外 CEO 制度的内涵，而那些没有设立或者没有更改 CEO 职位的公司，也并不一定没有实际的、符合 CEO 概念的高层管理者。因此，应该以 CEO 实际的内涵和高层管理者应该具备的权利和责任来界定 CEO 这一职位，总经理或者总裁等职位应该等同于 CEO 职位。我国 CEO 不仅要在宏观战略方面把握全局，还须对公司的运营管理全面负责。因此，除了那些已经存在 CEO 职位或者首席执行官职位的公司，另外还有一些公司的最高负责人，包括总经理和总裁等，都应该被视为公司的 CEO，因为他们是公司实际上的管理者，把握着企业所有的运营管理和战略发展。

（三）CEO 特征的界定

CEO 特征包括其作为人类个体天然具有的自然属性和作为社会成员所具有的社会属性。自然属性即人类在生物方面本质的面貌和规律，包括性别、年龄、身高、体重等特征，人的自然属性无法轻易改变，具有较稳定的性质。社会属性是人们在后天社会生活和实践中形成的特征。马克思强调人之所以与其他物种区分开，是由于人类的社会属性在于社会劳动，但任何劳动都是在社会关系中进行的。而人与人的区别就在于社会关系的不同。因此，人的本质是一切社会关系的总和，人生活在社会中，必然会与周围的人形成各种社会关系。不同的人有着不同的社会关系。社会关系决定了其社会属性。由于人所处的社会关系总是会发生变化，所以人的社会属性也会随之变化，每个人所处的社会关系不同，所以每个人的社会属性也不一样。

本书所指的 CEO 的特征包括其自然属性特征和社会属性特征。自然属性特征包括 CEO 的年龄。根据社会属性特征是依靠他人才能建立还是通过自己努力能够建立，本书又将社会属性特征分为外部资源型特征和个人能力型特征。外部资源型特征即和他人建立起的特征，包括 CEO 的政府从业经历、CEO 的任期长度、CEO 的社会网络和 CEO 的媒体曝光量，而个人能力型特征就是通过 CEO 自身学习工作获得的特征，包括 CEO 的专业职称、CEO 的教育水平、CEO 兼任董事长、CEO 的工资水平和 CEO 的持股比例。CEO 特征具体的测度和分析会在第四章中呈述。

二、IPO 的定价机制

（一）国际上主要的 IPO 定价机制

首次公开发行主要的定价机制包括以下 4 种。

(1) 固定价格发行机制

即投资者不参与，直接由股票发行人和承销商制定价格，或者经监管机构行政指导确定价格的机制。这种定价机制具有两种股票配给方式：一种是将配售权交给承销商，承销商决定如何向投资者配售股票；另一种是由投资者公开认购，不经由承销商配售。

(2) 竞价发行机制

也被称为拍卖发行机制，主要是向投资者收集竞价信息来确定发行价格的方式，由承销商负责收集过程。确定价格后，按照规则分配股票，所以承销商分配股票的权力较小。

(3) 累积投标询价法

也叫簿记定价法，即股票发行人和承销商首先确定一个初始的新股发行价格区间；其次由承销商协助发行人进行首次发行股票路演，向投资者征询其意向需求量和价格；最后根据路演获得的投资者需求信息确定新股的发行价格和数量。承销商在这种方式中拥有股票配售的权利，可以优先向曾经合作过的机构投资者配售股票。承销商和机构投资者之间存在议价空间，因为承销商具有配售股票的权利，所以机构投资者为了得到更多的股份数量会向承销商披露更准确的信息，这样能够帮助承销商在定价过程中发现股票的真实价值。

(4) 混合定价机制

也就是两种定价机制相结合的定价方式，包括固定价格发行机制和竞价发行机制相结合，或者固定价格发行机制和累计投标询价机制相结合。

（二）我国 IPO 的定价机制

我国的新股发行机制的主要参与者包括证监会、拟发行上市公司、中介机构与投资者。中介机构包括承销商、律师事务所和审计师事务所。各参与者在不同的定价机制阶段发挥着不同的作用。证监会在早期的行政指导定价阶段是定价的行为主体。随着证券市场的不断发展,市场化改革指引发行人以及各中介机构和投资者参与定价过程中,新股发行定价机制从最初的行政指导下的固定价格机制逐渐向市场化定价机制演进。1997年7月《证券法》实施以前,实行的是行政定价制,采用固定价格;从1999年7月至2001年下半年,实行适度放松的发行市盈率定价阶段;2001年下半年到2005年年初,实行控制市盈率定价机制,规定发行市盈率不超过20倍;2005年年初至今,实行的是询价机制。

2009年6月新股发行体制改革之后,在中小板和创业板发行的公司不再需要进行累计投标询价,经过初步询价之后可以由发行人和承销商协商定价,或者直接由发行人和承销商协商定价,发行人和承销商可以结合公司所处的行业水平、经济基本面以及发行风险等因素综合考虑定价水平。2012年5月18日《证券发行与承销管理办法》修订之后,在主板发行的公司也不再需要进行累计投标询价(见图2-1)。

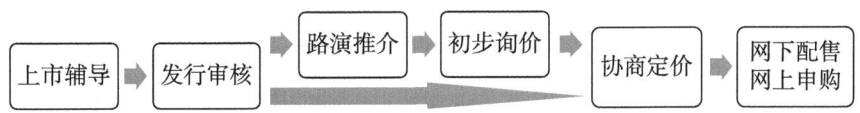

图2-1 中国中小板首次公开发行股票流程(2009年6月至今)

(三) IPO定价调整过程

Ibbotson,Sindela和Ritter在1988年首次提出IPO定价调整(Price Revision)的概念,将从招股说明书中的初始价格到发行价格之间的变化率定义为定价调整幅度,并且认为定价调整幅度越高的IPO越会受到机构投资者的欢迎,会在上市之后产生更高的抑价率[61]。从国外学者的定义可以看出,定价调整幅度主要反映出发行人和承销商在初始定价之后,经过对机构投资者路演询价以及和承销商的博弈之后,IPO从初始定价到最终发行价格的变化程度。

根据我国的新股发行流程,首先发行人和承销商协商制定了第一版招股说明书申报稿中的 IPO 初始价格,然后经过初步询价之后由发行人和承销商协商定价,或者直接由发行人和承销商结合公司所处的行业水平、经济基本面以及发行风险等因素协商制定发行价格。因此,我国 IPO 定价调整的过程如图 2-2 所示:

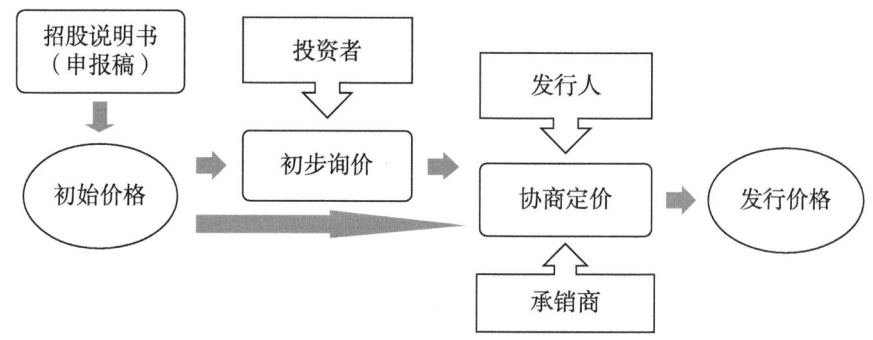

图 2-2　中国 IPO 定价调整的过程(2009 年 6 月至今)

三、IPO 的短期表现

IPO 上市之后的价格表现一直没有较为固定的结论。根据研究市场的不同以及时间的不同,Reilly(1973)、McDonald 和 Fisher(1972)以及 Logue(1973)等学者在早期的文献中发现新股发行市场上存在较短时间内产生较高收益率的现象[62][63][64],新股的短期收益率远远高于市场指数收益率。然而,后来的学者发现了完全相反的结论,即新股在短期内是弱于市场表现的[65-66]。针对新股上市之后不同的短期表现,一些学者从行为金融学的角度解释了造成这些现象的原因,运用从众效应、差异化预期假说以及乐队经理假说等理论[67],从投资者的情绪以及心理预期还有承销商对发行人公司的包装等方面进行了解释。我国学者对新股上市后表现的研究主要集中在新股长期表现上,较少研究短期收益。于亦文和杨阳(2006)通过研究 2005 年到 2006 年发行的 IPO 发现我国新股上市后首周内收益率波动剧烈[68]。

本书研究的短期收益率主要是指首日买入并持有到一定期限的收益

率，用来考察新股上市后的投资价值，同时结合我国新股发行体制改革的背景，分析在不同的改革阶段下，新股上市之后的短期表现以及 CEO 特征如何影响 IPO 的短期表现。

第二节　CEO 特征影响 IPO 定价调整过程的理论依据

除了招股说明书申报稿和媒体网站披露的零碎消息，只有很少的资料来揭示拟发行股票公司的内在价值，因此，对拟发行公司的估值就是一个交织着理性判断和感性判断的复杂问题[69-70]，承销商和投资者通常会根据他们可以获取的公司信息来评价 IPO 公司。CEO 作为公司的代表人物之一，其行为和特征最引人关注。在大量的公司相关信息中，承销商和投资者会格外关注 CEO 特征，CEO 特征也因此成为 IPO 的定价和短期表现的重要影响因素。

一、文化价值理论下 CEO 特征对 IPO 定价调整过程的影响

个体行为需要在特定的文化价值背景下进行分析，我国 CEO 对 IPO 定价调整的影响也应该考虑我国特定的文化价值背景。研究文化差异的学者在梳理历史发展背景的同时探索了文化价值的定义、各个国家文化价值的差异以及文化价值差异塑造出的不同的组织结构和社会关系。Hofstede 是文化价值理论研究领域最具影响力的学者之一，他提出了国家文化维度模型，将各国的文化价值拆分为多个维度，用这些维度定义了各个国家的文化差异[70]。Hofstede 的研究始于他受 IBM 委托而开展的一项针对公司员工的调查，他设计了文化价值的五个维度，并以此构建了国家文化维度模型，这一理论为研究各国文化差异背景下的各个领域的问题提供了理论分析依据。具体来说，Hofstede 将文化价值拆分为五个维度来表达，也就是权力距离维度、个人主义和集体主义维度、女性化和男性化维度、不确定性规避维度以及长期调节导向维度。

(一) 权力距离

权力距离是一个社会等级制度是否严格的判断标准，也是社会中地位较低的个人接受权利分配不均的程度。权力距离指数可以表示社会中人们之间的地位是否平等。权力距离指数较低的国家，公司的组织结构倾向于扁平式管理结构，公司中上级和下级之间的地位较平等，上级不会利用身份地位压迫下级服从命令，遇到问题会和下级协商解决。而权力距离指数较高的国家，公司的组织架构更倾向于金字塔式管理结构，不同等级之间的地位差距较大，上级对下级发号施令，下级服从上级的指挥。Hofstede（2010）以 IBM 公司中处于相同层级的不同国家的员工作为研究对象，向他们发放调查问卷，收集不同国家对相同问题的反应，收集问卷并计算得出各国的权力距离指数，用于比较各个国家的权力距离大小程度。

在亚洲传统的企业环境中，员工通常不会直接挑战上级的决定，即使他们可能不同意这些决定。会议中，通常是由最高级别的管理者来做最后的决策，而其他员工更多的是倾听而非表达自己的意见。在教育领域，学生往往被期待尊敬老师，对老师的讲授内容持接受态度，较少有质疑或反驳的情况发生。这是高权力距离文化的典型案例。

对于低权力距离文化，荷兰可以作为一个典型案例。在荷兰的企业环境中，会议通常是开放式的讨论，即使是级别较低的员工也会被鼓励分享他们的观点，并且他们的意见会被认真考虑。决策过程往往更为民主和平等，上下级之间的界限没有那么明确。在学校里，师生之间的关系也相对平等，学生可能会直呼老师的名字，并且在课堂上自由地表达自己的看法。

通过这两个例子可以清楚地看到，在不同的文化背景下，人们对权力分配的态度和行为模式是有很大差异的。

Hofstede（2010）对各国家和地区的权力距离指数进行了调查和排名，中国这项指数的得分达到了 80 分，排名第七，比欧美大多数国家的权力距离指数要高，并且在亚洲国家中排名也较靠前。由此可见，相对于欧美国家采用较多的扁平管理结构，受国内文化价值的影响，我国的公司更可能采取金字塔管理结构。而首席执行官作为公司管理运营的最高决策人就位于金字塔顶端,其地位、权力和影响力在公司内部均处于较高水平。在这种背景环境下,CEO 对 IPO 的各项决策均会产生巨大的甚至决定性的影响。

(二)个人主义与集体主义

个人主义和集体主义的维度主要考量了一个社会中人们更重视个人利益还是更重视集体利益。当社会中的个人认为个人利益应优先于集体利益时,这种社会偏向于个人主义,而当人们认为集体利益比个人利益更重要时,这种社会倾向于集体主义。个人主义社会中人们会以自身利益为重点,比较关心自身利益;集体主义社会中人们会保持对集体的忠诚,甚至不惜牺牲个人利益。Hofstede(2010)编制了包含多个项目的工作目标的调查问卷,当某一个国家的员工认为个人主义中的工作目标比集体主义中的更重要时,这样的社会被认为具有个人主义特性。

在个人主义文化中,人们被鼓励追求个人目标和成就。例如,在职业选择方面,个人可能会根据自己的兴趣和职业发展需要来选择工作,而不是遵循家庭期望并选择传统的职业路径。此外,个人主义文化下的教育体系鼓励批判性思维和独立思考,学生被鼓励提出自己的观点并进行独立研究。

在集体主义文化中,个人的行为往往受到群体目标的影响。比如在公司中,团队合作和为公司的整体利益着想是非常重要的,即使这意味着个人牺牲一些自己的时间和兴趣。在学校里,学生通常会一起打扫教室,这是一种培养集体责任感的方式,强调每个人都是社区的一部分,应该为维护社区环境作出贡献。

根据 Hofstede(2010)对各国家和地区的个人主义得分及排名,中国大陆在个人主义方面的得分较低,排名也靠后,说明在我国文化价值背景下,人们倾向于集体主义。在这种情况下,少数服从多数的规则会被默认存在,当 CEO 说服多数集团成员支持其决定时,最终的决策权就集中到了他的手中。因此,CEO 能够较容易地影响 IPO 的过程,在 IPO 相关决策中实现他们的倾向性选择。

（三）女性化和男性化

女性化和男性化的维度主要衡量了社会文化所看重和追求的目标，这里的女性化和男性化是指社会的性别。女性化的社会中情绪性的性别角色之间相似性很高，即女性和男性都比较谦逊、温和并且关注生活品质。而男性化的社会中情绪性的性别角色之间具有极大差异，也就是说男性会显得更加激进，并且注重实质性的成就，女性则显得包容、温和并且注重生活品质。Hofstede（2010）编制了包含多个项目的工作目标的调查问卷，当某一个国家的员工认为男性化方面的工作目标比女性化中的工作目标更重要时，Hofstede 认为这个社会具有男性化特性。

以德国为例，在"男性化"文化中，社会通常更加强调竞争、成就和个人的成功。在职场上，这表现为对专业成就的高度评价，以及对高效和结果导向的追求。例如，德国的工程师和管理人员经常面临高压的工作环境，但他们也因此获得了较高的社会地位和经济回报。此外，德国的教育体系也强调学术成就和技术专长，这些都是"男性化"价值观的一部分。相比之下，瑞典被视为一个"女性化"文化较强的国家，这里的生活质量和社会福祉被高度重视。在瑞典，人们更倾向于追求工作与生活的平衡，以及和谐的人际关系。政府提供广泛的公共福利计划，包括育儿假、优质的健康护理服务和良好的教育体系，这些都旨在提高公民的整体幸福感。此外，在职场中，团队合作和平等沟通比个人英雄主义更加受到推崇。这两个例子展示了在不同文化背景下的"男性化"和"女性化"价值观如何体现在日常生活和社会规范之中。

根据 Hofstede（2010）对各国家和地区的男性化水平得分以及排名，中国大陆得分为 66，排名为 12 名，说明我国属于男性化的社会，更看重物质方面的成就。在这种情况下，CEO 更有可能追求高额的甚至超额的募集资金。

（四）不确定性规避

不确定性规避描述了社会成员对不确定性问题的忍受程度。当人们面对一个不确定的问题时，人们会采取什么样的态度就是这个维度要测量的。如果人们对不确定的未来或者某件事的忍受程度很高,就说明人们具有较低的不确定性规避指数;反过来说,如果人们难以忍受不确定的未来或者事情,对不确定的事情感到焦虑和担忧,说明人们具有较高的不确定性规避指数。

在西班牙这样一个不确定性规避较高的国家,人们非常重视安全和稳定。在商业环境中,西班牙的公司倾向于有详细的规章制度,并且在做出决策之前会经过深思熟虑,通常需要长时间的讨论和审查。在日常生活中,西班牙人也倾向于遵守传统习俗,对变化持谨慎态度。例如,在餐饮业,西班牙人对食品安全非常敏感,对食品来源和制作过程有着严格的标准。

相比之下,新西兰被认为是一个不确定性规避较低的国家。在这里,人们更愿意接受冒险和探索未知。新西兰的文化鼓励创新和尝试新的事物,对失败的看法也比较宽容,认为失败是学习过程中的一部分。例如,在创业领域,新西兰有很多初创企业和孵化器,支持企业家精神和技术创新。此外,在户外活动方面,新西兰人热爱探险和极限运动,如跳伞和攀岩等,这也反映了他们对不确定性的开放态度。

通过这两个例子,我们可以看到在不同文化背景下,人们对不确定性的应对方式是截然不同的。不确定性规避高的文化更倾向于构建稳固的框架来减少不确定性带来的不安,而不确定性规避低的文化则更愿意拥抱变化,并从中寻找机会。

根据 Hofstede(2010)对各国家和地区不确定性规避的得分以及排名,中国大陆的不确定性规避得分较低,排名靠后,说明人们能够忍受较大的不确定性,在遵守法律和规则方面具有较高的灵活性,以适应实际情况,较多人奉行实用主义精神,习惯说话留有余地,使表达意思模棱两可但又传递了相关信息,适应性很强,具有创业精神。因此,在面对不确定性较高的股票一级市场和二级市场时,CEO 仍然可能提高 IPO 的发行价格。

二、高阶梯队理论下 CEO 特征对 IPO 定价调整过程的影响

经济和技术等外在因素往往成为研究公司运营管理和战略决策中的重

点关注对象，而人为因素一直被忽视。Hambrick 和 Mason（1984）最先提出了高阶梯队理论（Upper echelons theory），用以填补人为因素在过往公司管理研究中的空白。高阶梯队理论认为，公司的高层管理者的相关特征诸如认知能力和风险偏好都会在组织决策中起到关键作用，同时由于决策个体受到包括教育背景、职业经历以及技术水平等特征的约束，个体会在决策中掺杂不可控制的感性因素，从而使战略决策出现多元化。他们的研究指出，相似的公司在同样的环境下可能做出不一样的战略决策，这种公司异质性现象很可能是公司的高层管理者造成的。国内学者的研究也指出，作为公司战略决策的主体，高层管理者在很大程度上影响了公司的运营管理和战略决策[71][72][73][74]。

基于公司高层管理者在运营管理和战略决策中的不同表现，Hambrick 和 Mason（1984）分析认为可以使用高层管理者的个人特征的差异性来解释他们在管理决策中的不同。他们认为高层管理者的个人特征包括年龄和性别等会对其认知结构和风险偏好产生影响，从而形成不同认知模式下的管理决策，最终对公司决策和战略发展产生深远的影响。因此，该理论的出现为研究公司绩效的影响开拓了新的方向，人为因素能够深刻影响组织绩效，但人为因素无法进行量化测量，此时可以将个体特征作为替代变量用以反映个体的整体影响力。自此，大量研究证明了高层管理者的个体特征可以用来预测公司在经营管理和战略发展中的表现，包括公司的创新性[75-78]、公司的多元化发展[79-80]、公司的资本行为[81][82][83]、公司的社会责任[84]、公司的绩效表现[85]、公司的战略[86]等。

高阶梯队理论的贡献在于揭示了人为因素在组织管理中的重要地位，并且给出了切实可行的研究方法，即通过衡量可观测的个人特征来研究人为因素的影响。高阶梯队理论包含了三个方面的内容：首先，公司运营模式和战略发展的决策反映了高层管理者的个人认知模式、风险偏好和价值观；其次，高层管理者的个人认知模式、风险偏好和价值观可以通过其个人特征包括性别、年龄和教育水平等反映出来；最后，高层管理者的个人特征和公司的绩效呈显著相关。也就是说高阶梯队理论提供了一种通过可观测的个人特征研究公司战略绩效的方法。领导力方面的研究在高阶梯队理论的引导下逐渐发展起来，以高层管理团队的个人特征为代理变量极大地方便了定量研究的开展，具有数据支撑的研究结果保证了结论的可靠性。

根据高阶梯队理论的描述，首席执行官作为高层管理团队的成员对公司的战略决策和绩效能够产生巨大的影响[87-90]。该理论还强调，在决策越复杂的情况下，例如IPO定价这种情况，首席执行官的个人特征（如政治关系和任期等特征）就显得越为重要[91]。此外，高阶梯队理论还指出了首席执行官只具备有限的理性，认为首席执行官的认知、社会属性和自然属性会导致他们出现行为偏差。在本书的研究背景下，CEO在IPO定价之前、过程中以及之后都扮演着极为重要的决策者的角色。在这一过程中，公司面临不同的内外制度、资源、环境和市场，CEO特征的不同会影响其个人信念和偏好，从而影响IPO定价过程中所涉及的定价调整问题，最终影响IPO的定价。

三、禀赋效应理论下CEO特征对IPO定价调整过程的影响

禀赋效应（endowment effect）理论是行为经济学领域的重要理论[92-93]。传统的经济学中会假设个人的偏好短期内不会轻易改变，根据不同的偏好人们会做出不同的选择。但是禀赋效应理论认为人们的偏好会随着交易变化，人们总体是风险厌恶的，为了弥补风险厌恶，当拥有某项物品的人将要失去该物品时，个人会提高对该物品的估值，表现出比拥有它时更大的偏爱。因此，人们会在禀赋效应的影响下做出次优决策[94]，很多文献都验证了禀赋效应的存在[95-96]。

禀赋效应理论是指人们由于不愿意失去已经拥有的物品，在出让该物品的时候，会将出让价格标示得高于买入时的价格或者高于物品真实价值的现象。由于出让价格反映了卖方对该物品价值的评估，因此卖方认为该物品比买入时或者拥有时具有更高的价值。Kahneman等（1991）的研究中提出的一个案例可以很好地阐释禀赋效应理论[97]，一位经济学家多年前

以每瓶 10 美元的价格买入了一批葡萄酒，后来葡萄酒卖到了每瓶 200 美元，但是经济学家不愿意以当前的价格出售他的葡萄酒，同时也不愿意以现在的价格购买同样的葡萄酒，对于他拥有的葡萄酒，如果有人向他购买，他会给出比市场价格更高的估价，却不愿意用市场价格再次购入这种葡萄酒，这种现象就是禀赋效应，即人们在卖出自己所属的物品时会比买入该产品给出更高的估价。

禀赋效应的出现受产品类型的影响，私人物品、价格不确定的公共产品和非市场产品更容易产生禀赋效应。若产品是私人物品，人们会对该产品产生情感依赖，在面临失去该产品的情况时会认为产生了损失，因此禀赋效应会显现出来。而如果产品只是用于交换其他产品，该产品并没有实际上属于购买者时，购买者则不会在出售该产品时产生禀赋效应，因为出售该产品对于购买者来说并没有产生损失感。所以，产品在交易过程中是否产生禀赋效应，关键在于人们是否认为该产品属于自己[98]。另外，人们在出售价格不确定的公共产品和非市场产品时也容易产生禀赋效应。若出售的产品价格是确定的，卖方给出的过高的出让价格会打消买方的购买意愿，因此难以达成交易。但是如果产品没有公开市场价格或者无法通过对比同类产品得到其价格时，卖方就会开出高于买方给出的价格，从而产生禀赋效应[99]。

除了受到产品类型的影响，买卖双方的交易需求是否旺盛也会影响到禀赋效应的产生。Mandel（2002）研究发现交易双方的交易需求，也就是动机的强烈程度会影响到禀赋效应的产生[100]。当卖方的出售意愿非常强烈时，卖方可能降低出售价格，而当买方购买意愿强烈时，卖方可能提高价格。当买卖双方的交易意愿都非常强烈时，禀赋效应则会减弱甚至不会产生。由于禀赋效应产生于人们的交易心理状况，当买卖双方认为对方的意愿强烈时，也会产生禀赋效应。Hanemann（1991）的研究发现，如果卖家不愿意出售产品，会将产品价格制定得很高，禀赋效应会体现得更明显[101]。

禀赋效应表明人们仅仅会因为拥有某样物品而认为该样物品拥有更高

的价值。这种想法的形成部分归结于人们风险厌恶的心理,当人们面临同等的损失和收益时,他们倾向于避免损失,因此人们常常因担心损失而报出更高的价格。就首次公开招股而言,CEO 也将即将公开发行的股票视为他们将要失去的资产,从而产生了提升发行价格的强烈动机。发行人招股说明书申报稿中提出的初始价格是公司所具备的真实价值,在禀赋效应的影响之下,CEO 会以初始价格为基础制定更高的发行价格,以弥补即将失去部分股权带来的损失。另外,发行价格的不确定性以及发行人和投资者的交易愿望也会导致 CEO 被禀赋效应所影响。发行人公司的价值无法被确切地计算和评估,无论同行业的上市公司与发行人公司具有多么相似的特征,仍然无法通过类比直接估算发行人公司的价值。当投资者无法知道确切的发行人公司价格时,即使 CEO 制定的发行价格显著地高于投资者的心理价格,投资者仍然可能接受这种定价,从而产生禀赋效应。由于我国新股发行市场上长期存在的购买新股必定能赚钱的现象,投资者对于交易能够达成的愿望特别强烈,也会导致 CEO 被禀赋效应所影响。

四、前景理论下 CEO 特征对 IPO 定价调整过程的影响

Kahneman 和 Tversky(1979)提出了前景理论的概念[102]。和预期效用理论不一样的地方在于,前景理论不是考虑的财富价值而是关注收益和损失的多少。根据前景理论,个体的决策被分为编辑阶段和估值阶段。编辑阶段是初步分析并简化表达个体的期望,以使复杂的期望表达成简单的模式。估值阶段就是利用价值函数和决策权重函数对期望进行估值,并利用价值函数和决策权重函数来模拟个人的选择行为。价值函数替代了预期效用理论中的效用函数,而决策权重函数则是将预期效用函数中各种结果发生的概率替换成了概率为变量的决策权重。因此,价值函数的关注点从财富价值转变为相对于参考点的损失和收益的函数,若价值函数在参考点下是凸函数,说明个体在面临非确定的损失和确定的损失时偏爱非确定性损失,而在参考点上是凹函数,说明个体在面临非确定的收益和确定的收益时更偏爱确定的收益。人们在面临收益和损失时,损失带来的痛苦感会大

于同等价值的收益带来的愉悦感。决策权重函数中的决策权重代表着客观的概率。前景理论不仅考虑了经济因素,还加入了对人们心理的考量,因此,可以更加确切地描述个体决策偏好。

价值函数的特征包括三点:一是设置了收益和损失的参考点,投资者不仅只关注最终的财富价值,而是综合考虑收益和损失;二是价值函数在损失时呈现凸性,即人们面临损失时会有风险追求的表现,价值函数在收益区间表现为凹性,也就是人们面临收益时风险厌恶;三是由于相同价值的损失带来的痛苦感大于收益带来的愉悦感,所以价值函数中损失变化的斜率大于收益变化的斜率。

价值函数中的参考点是人们评价某个事物时所参照的物品,这种需要找到参照物的心态非常普遍,当人们无法确定一件物品是否真的有价值时,就会找寻一个他熟知的物品进行对比,因此,参考的结果会随着人们拿来对比的参照物的不同而有所差异。前景理论就是抓住了人们的这种心理特征,即不以事物真正的价值为关注点,而是通过参考别的事物来确定该事物的价值。因此,前景理论认为财富价值并不会影响人们的选择,但是相对于某个财富价值而言,会得到收益还是损失才是人们会关心的问题,通过改变人们心中的参考点可以影响他们的投资决策。

前景理论可以解释发行人在IPO定价方面的策略。对于发行人而言,在决定是否在初始价格的基础上大幅提高发行价格时,他们不会预先综合考虑新股发行可能产生的收益和发行之后产生的损失。发行人会将初始价格看作"参考点",相对于"参考点"而言,发行人会将新股发行时的发行价格超过"参考点"初始价格的部分看作此次发行的收益,而将新股发行定价过高之后在二级市场上可能产生的股价跌破发行价的部分看作此次发行的损失。发行人CEO会结合收益和损失的具体情况来决定新股的发行价格。

五、心理账户理论下CEO特征对IPO定价调整过程的影响

诺贝尔经济学奖得主Thaler在1980年初次提出了心理账户的概念,他

试图通过这个理论解释为什么消费者会被沉没成本影响决策[103]。根据该理论，Thaler 觉得除了可以用 Kahneman 教授的前景理论来解释人们受到沉没成本的影响外，还可以用心理账户来解释这种现象，也就是相对于会计账簿来说，人们心中会有自己的一套记账系统。沉没成本是以往发生的对某项决策投入的时间成本和付出的时间精力等。人们在进行决策的时候，除了考虑目前面临的问题，还会同时考虑以往在这件事情上投入的成本，之所以会考虑沉没成本，就是因为人们试图将过去产生的成本和现在可能产生的成本放在一个心理账户中计算。人们为了全面考虑某件事情的成本，将过去产生和即将产生的成本进行加总，这种将之前和后来的成本加总在一起考虑的过程是心理账户的一种计算过程。当你决定购买某件物品时，你付出了 V（C）的价值，而物品的价值为 V（I），那么你决定购买的价值就是 V（I）－ V（C），人们会根据这个计算估计自己得到的价值从而做出决策。

　　Thaler 后来又进行了一系列研究，他发现人们对心理账户没有固定的分类标准，缺乏合乎逻辑的分类依据[104]。比如人们会将意外获取的资产例如突然获得的资金以及购买彩票得来的资金放入一类心理账户中，而将日常工作得到的薪酬以及年终奖放入另一类心理账户中，同时人们更倾向于随意用掉前一类心理账户中的资金，即使两类账户中的资金都是他们的资产。心理账户理论最大的特征就是不同的心理账户之间不能相互替代，不同的收入会被分类，例如意外获得资金的账户不能替代日常工作赚取资金的账户，甚至不同的支出也会被分类，例如家庭开支和娱乐开支可能被分为两个心理账户。根据 Thaler 和其他学者的研究可以发现，人们可能会将收入分别纳入三种账户，包括资金收入、工资收入以及外来收入，而大家会对这三种收入采取不同的使用决策，这种行为完全背离了金钱可以相互替换的性质[105-106]。

　　由于心理账户的不可以相互替换的特性，人们会有不同账户中的钱价值不一致的错觉，并由此引发了非理性的行为。也因为人们主观地认为各个账户中的资金价值不一致，因此金融市场中的投资者会在心理账户的影响下，为了合理化自己的投资决策而改变心理账户的设置。当某个投资者同时投资了两个项目，而两个项目一个盈利一个亏损且盈利和亏损的资金价值一致时，该投资者可能利用心理账户来调整这种情况。如果他分开对待两笔投资的亏损和盈利，那么他会分别设置两个心理账户，即分账。但是由于人们普遍具有风险厌恶的特性，亏损项目带来的痛苦感可能远大于相同价值的盈利项目带来的愉悦感，这种情况下，投资者很可能将亏损和盈利同时纳入同一个心理账户中，也就是进行合账，盈利可以抵消部分亏损带来的痛苦感受。这两种处理方式中，合账的行为会给投资者更好的感受。那么对于具有两个期望值的决策情景，Thaler 认为可以有四种处理方式：第一种是将两种收益进行合账，也叫作复合收益，当两个项目相对于参照点均为收益时，将两个收益放在同一个账户中；第二种是将两种损失进行合账，也叫作复合损失，当两个项目相对于参照点均为损失的时候，将两个损失放入同一个心理账户中；第三种是将较大的收益和较小的损失合账，也叫作混合收益，当一个项目相对于参照点是收益，另一个项目相对于参照点为损失，收益大于损失的时候，将收益损失纳入同一个账户中可以让收益抵消损失；第四种是将较小的收益和较大的损失合账，也叫作混合损失，当一个项目相对于参照点是收益，另一个项目相对于参照点为损失，收益比损失小很多的时候，将收益损失分别放入两个账户中可以最大化收益带来的愉悦感，而收益和损失差别并不多的时候，将收益和损失纳入同一个账户可以让收益抵消部分损失从而最小化损失带来的痛苦感。

禀赋效应理论的影响下，CEO 会采取推高发行定价的行为，而心理账户理论的四条运算规则可以解释这种行为。在新股定价调整以及上市的过程中，CEO 会将最初制定的招股说明书申报稿中的初始价格作为参考点去衡量其在新股发行中的收益与损失。如图 2-3 所示，P_i 即为初始价格，是 CEO 的价值参考点。当发行人和承销商协商制定了一个较高的价格调整幅度而使 P_i 增大变为 P_0 发行价格时，CEO 会将初始价格 P_i 到发行价格 P_0 增加的部分看作收益，即 $v(P_0 - P_i)$。

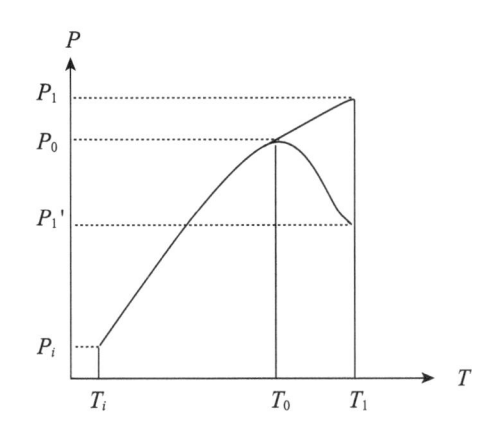

P_i：初始价格（参考点）
P_0：发行价格
P_1：上市首日收盘价
P_1'：上市首日收盘价
T_i：招股书申报稿披露日
T_0：发行日
T_1：上市首日

图 2-3 心理账户理论下 CEO 特征对 IPO 定价调整的影响

在 P_0 发行价格过高的情况下，新股上市之后的首日收盘价可能出现两种情况。第一种情况是二级市场认为新股发行价格符合发行公司价值，那么二级市场投资者会进一步推高首日新股交易价格，使首日收盘价 P_1 高于发行价格 P_0。因为发行人仍然持有大量的公司股份，因此，CEO 会将发行价格 P_0 增加到首日收盘价 P_1 的部分看作收益。根据心理账户理论，CEO 在面临两个收益时，会对它们采取"分账"对待即复合收益，$v(P_1-P_0)+v(P_0-P_i)>v(P_1-P_i)$。第二种情况是二级市场认为新股的发行价格不符合发行公司的价值，那么二级市场的投资者会选择观望态度从而使上市首日价格出现下跌，首日收盘价 P_1' 有可能小于发行价格 P_0，此时发行人持有的公司股份价值出现缩水，CEO 会将首日收盘价 P_1' 低于发行价格 P_0 的部分看作损失。根据心理账户理论，当发行价格高于初始价格的收益大于首日收盘价低于发行价格的损失时，CEO 会对两个账户进行"合账"处理，也就是 $v(P_1-P_0)+v(P_0-P_i)<v(P_1-P_i)$。

因此，发行人 CEO 会尽可能地提高公司的发行价格，只要新股发行上市首日的收盘价比招股说明书申报稿中的初始价格高，CEO 都会觉得收益大于损失。心理账户理论表明，人们主观地对经济结果在不同的心理账户中进行分类和评估，而不是在同一个心理账户中。心理账户的基本特征是不同的账户具有不可替代的性质，这就意味着各种账户的收益和损失是不可替代的，进而会导致不合理的经济决策。在 IPO 定价调整过程中，心理账户意味着首席执行官孤立地看待首次公开募股的收益和首次公开募股后的长期回报。当首席执行官在一个心理账户中设定更高的发行价格为发行公司筹集更多资金时，可能会在另一个心理账户中对待首次公开发行后股价表现不佳的损失。

第三节 CEO 特征影响 IPO 短期表现的理论依据

CEO 无法直接参与到股票二级市场中，但 CEO 特征可以给投资者和其他金融中介传递相关信号，从而展示其公司价值。信号理论认为个体可以作为信号源向外界传递相关信息，个体的相关信息都可以被认为是信号，可以通过信号理论减轻信息不对称现象。当公司需要向外界展示其价值时，信号可以帮助公司传递相关信息，减少公司与其他主体间的信息不对称。

作为信息经济学的重要研究理论，信号理论最初被用于阐释信息不对称时如何进行信息传递[107]。Spencer（1973）将信号理论应用到了劳动市场研究中，他认为应聘者顶尖的教育背景可以成为信号从而向招聘人员传递其优秀的学习能力和较高的智力水平，这种信号传递可以为招聘者遴选出优秀人才[108]。此后，其他学者也将信号理论应用到了各个研究领域中，大大拓展了信号理论的适用范围，并验证了信号传递的重要性[109]。现在信号理论的相关研究已经在各个领域展开，获得了极大认可[110]。

由于公司外界的相关人员缺乏对公司真实情况的了解，使外界人员需要根据公司内部人员传递信号来解读公司的真实信息从而了解公司的管理经营情况。信号理论主要包括以下三个部分：首先是信号员，信号员必须是能够得到公司内部信息的相关内部人员，不能是外部人员，需要清楚公司相关的组织和产品信息[111-112]；其次是可以被传递的信号，信号必须是能够被观测的，而且获取信号具有一定的成本；最后是接受者，即公司外界的需要获取公司信息的外部人员。

由于公司高层管理团队和公司外部投资者之间存在信息不对称,公司的高层管理者掌握着公司真实的信息,因此能够清晰地对公司的损失和收益进行处理和分配,而外部投资者并不能接触到公司的这些信息,只能根据公司发布的信息对公司的价值进行评估来决定对公司的投资份额,这种情况使投资者很难根据充足的信息判断公司是否值得投资,因此可能使投资者无法进行合理决策。为了使这种信息不对称的情况减轻,具有投资价值的公司会将适当的信息通过某些方式传递给投资者,从而获取投资者的关注得到充足的资金投入,增强自身的竞争力。

拟发行上市的公司可以通过向外界披露招股说明向证监会、中介机构、机构投资者以及个人投资者传递信号,这种传递信号的方式就是为了缓解其他主体相对于公司内部人员的信息不对称的问题,外部主体证监会可以根据披露的信息判断公司是否符合上市标准,中介机构可以根据传递出的信号和发行人协商发行价格,潜在的外部投资者可以根据信号中的信息获取不能直接观测到的公司价值信息[113]。高层管理者的个人特征也可以作为信号传递给外部利益相关者,如果高层管理者的个人特征传递出了正面的积极的形象,例如任期较长说明对公司的未来抱有较好的期望等,就会使外部人员得到公司价值具有成长空间的印象,从而对公司的IPO过程起到良性的引导作用,得到监管层、中介机构以及投资者的信赖,最终可能会影响IPO的定价和后市表现。尤其是在拟发行上市公司成立的时间较短的情况下,其能够传递给外界的信号较少,高层管理者的个人特征就成为重要的信号[114-116]。

CEO作为信号员除了利用财务报表以及招股说明书等材料向参与首次公开发行股票的参与主体传递信息以外,其自身的特征也会成为信号传递给承销商及投资者们。尤其是当发行公司成立时间较短且没有足够的新闻媒体信息能够作为信号传递公司的真实价值时,IPO参与者会将CEO特征视为重要的信号,CEO特征能够传递CEO的决策倾向、CEO的风险偏好、CEO的自信程度、CEO对公司的掌控程度以及CEO对公司未来发展的期望等信号。例如，CEO 的政府从业经历传递了公司可能与监管部门存在关联的信号，CEO 的任期长度和持股比例传递了 CEO 对公司期望程度的信号，CEO 的专业职称、教育水平和年龄传递了他们的风险偏好和自信程度的信号。因此，在一级市场的定价过程中，CEO 特征间接影响了承销商和参与初步询价的投资者；在二级市场的股价波动中，CEO 特征间接影响了投资者对公司价值和未来发展的判断。

第四节　本章小结

本章从相关基本概念的界定入手，首先探讨了我国文化社会背景下的 CEO 概念以及 CEO 特征概念，对 IPO 定价机制做了简单回顾并引出了定价调整过程的概念，介绍了 IPO 短期收益率的概念以及经典现象。其次根据阶段的不同，分别探讨了 CEO 特征影响 IPO 定价调整过程以及影响 IPO 短期收益率的理论依据。

CEO 参与了 IPO 定价调整的具体过程，所以 CEO 特征对 IPO 定价调整的影响主要是直接影响，相关理论依据主要是文化价值理论、高阶梯队理论、禀赋效应理论、前景理论以及心理账户理论。文化价值理论探讨了我国文化背景下权力距离指数较大，CEO 在公司内部拥有更大的权力；高阶梯队理论则奠定了作为高管成员之一的 CEO 的特征能够影响公司决策的基础；禀赋效应理论对 CEO 在定价调整过程中的行动倾向作出了判断，认为 CEO 在提高发行价格方面具有强烈的动机；前景理论和心理账户理论认为 CEO 会将初始价格作为损益参考点，在不同的股价表现下对收益和损失账户采取"分账"或"合账"的选择，从而合理化其提高发行价格的行为。CEO 特征影响二级市场的投资者，从而间接地影响了其公司上市之后的表现，相关理论依据主要是信号理论。在二级市场的股价波动中，CEO 特征间接影响了投资者对公司价值和未来发展的判断。

第三章 新股发行体制改革"窗口指导"两阶段分析

第一节 新股发行体制改革前的演进历程

相比于西方国家较为成熟的股票市场，我们国家的股票市场开设的时间较晚、政策规章不够完备且市场的参与主体不够成熟，这样的市场环境导致了一些问题，股票首次公开发行就是其中之一。中国证券监督管理委员会作为我国股票市场的直接监管者，一直走在探索构建健康成熟的新股发行市场的道路上。本节内容分析了2009年6月新股发行体制改革之前新股发行体制的演进。

一、新股发行审核制度的演进

从新股发行审核制度来看，我们经历了从审批制到核准制的过程。

从1993年4月25日到2001年3月17日，我国的新股发行审核制度是带有计划经济色彩的审批制，即由当时的国家计委和证监会严格控制发行数量和额度的发行审核制度。审批制又分为两个阶段，即1993年到1995年的额度管理审批制和1996年到2000年的指标管理审批制，额度管理对当年股票发行的总规模进行控制，指标管理则是对当年股票发行的总规模和总发行家数进行控制。推行了将近八年的审批制产生了一系列的问题：首先，由政府推荐的企业会大幅向国有企业倾斜，这种政策导致民营企业和外资企业难以进入一级市场，使市场上公司性质单一；其次，政府推荐过程中可能滋生寻租行为，被推荐的国有企业质量参差不齐，使得市场缺乏公开公平公正的健康氛围。在这种情况下，社会主义市场经济的逐渐发展给股票市场带来了可以借鉴的经验，市场化的改革方向逐渐明朗清晰起来。

证监会在2001年3月17日宣布取消了审批制，新股发行核准制正式登上舞台。核准制也经历了两个阶段，即2001年至2003年的通道核准制和2004年至今的保荐核准制。通道制下公司的推荐权利由证监会下放给了证券公司，但每家证券公司只有有限的8条通道，这仍然大大限制了公司的上市数量。2004年颁布的《证券发行上市保荐制度暂行办法》标志着新股发行审核制进入到保荐核准制阶段，即现阶段实行的发行审核制。这个阶段最大的两个特点是：发行上市审核一体化和实质审核。发行上市审核一体化就是发行审核通过即可上市；实质审核是指对发行人的申请材料进行合规性审核。

二、新股发行定价机制的演进

新股发行定价机制的演进主要可以分为四个阶段，由最初的行政化固定价格机制逐渐向市场化定价机制演进。

1999年7月实施《证券法》之前实行行政化定价机制，这个阶段下采用固定价格的定价方式，监管层的行政化指导主导着新股的定价。

1999年7月到2001年下半年是相对宽松的无市盈率约束定价阶段，这个阶段监管机构放松了对市盈率的约束，不再对市盈率进行行政指导。但是这个阶段非常短暂。

2001年下半年到2005年年初实行约束市盈率的定价机制。前一阶段短暂的放松市盈率让发行市盈率逐步升高，伴随着大量的新股跌破了上市首日收盘价格，同时2001年下半年市场出现了大量的国有股的减持行为，股票市场出现重挫，在这种情况下证监会重新开始约束发行市盈率，规定了发行市盈率不能超过20倍。

2005年年初至今实行询价定价机制。2005年开始实行累计投标询价制，但我国的累计投标询价制与美国的累计投标询价制具有很大差异：一是我国的询价制混合了市盈率约束的行政指导；二是我国的累计投标询价制中没有赋予承销商配售股票的权利，美国的累计投标询价制中承销商可以向机构投资者进行股票分配。累计投标询价包括两个阶段，即初步询价和累计投标询价。初步询价是为了确定一个较小的精确的询价范围，为了让第二阶段累计投标询价的效率更高，需要初步询价阶段尽量使询价机构给出专业的询价范围，当股票的发行规模少于4亿股时，需要向不少于20家机构进行书面形式的初步询价，当股票的发行规模多于4亿股时，需要向不少于50家机构进行书面形式的初步询价，参与初步询价的机构不需要认购申报的股份。累计投标询价在初步询价给出的范围内进行询价，从而确定新股的发行价格。

2009年6月开启的新股发行体制改革废除了行政化的发行市盈率约束，同时也简化了中小板和新设立的创业板的询价过程，即由累计投标询价制简化为初步询价之后，由发行人公司和承销商协商确定新股发行价格，也可以直接跳过询价，由发行人公司和承销商根据市场需求和同行业对比等方式协商确定新股发行价格。这种情况下，需要发行人和承销商结合经济基本面以及发行风险等来确定新股发行价格。2012年5月18日《证券发行与承销管理办法》修订之后，在主板发行的公司也不需要再进行累计投标询价。

三、新股发行体制改革及阶段划分

由前两节梳理的内容可知，我国的新股发行体制在2001年及2005年分别进行了发行审核制度和发行定价机制上的重大变革，即核准制和询价制这两个重要的市场化改革。但是这两次重要改革仍然未能实现较高程度的市场化，2005年之后证监会继续在市场化道路上进行探索，从2009年6月开始，证监会在核准制和询价制的基础上发起了多次完善发行体制的改革，即新股发行体制改革。

虽然证监会进行了多轮、多方面的新股发行体制改革，但其对新股发行定价的最直接的影响仍然体现在"窗口指导"政策上。在询价制的基础上，证监会为了促进股票市场的健康发展并协调发行制度改革的方向会适时地以行政手段干预新股的定价。当新股的发行市盈率超出规定范围时，证监会要求发行人和承销商就定价做出调整，这种行为也被业内统称为"窗口指导"政策。表3-1列出了证监会对发行市盈率进行"窗口指导"的不同阶段。

表3-1 中国证券监督管理委员会对发行市盈率进行"窗口指导"的不同阶段

阶段	1996—1999年	1999—2001年	2001—2004年	2005—2009年	2009—2014年	2014年至今
发行市盈率	12~15	无	小于20	小于30	无	小于23
特点	相对固定	无限制	限制	限制	无限制	限制

由表3-1可知，证监会在2009年新股发行体制改革之前长期实行对发行价格的"窗口指导"，发行市盈率从最初的12~15倍以内慢慢扩大为30倍以内。但是有一个时期比较特别，1999年到2001年这个阶段没有市盈率限制。证监会在1998年年底开始放开对新股发行市盈率的严格限制，将新股发行价格的制定下放给发行人和承销商，发行人和承销商需要结合公司价值和市场水平协商确定新股的发行价格。为了完善发行人和承销商协商制定发行价格的过程，1999年2月证监会发布了《股票发行定价分析报告指引（试行）》，规定新股定价过程需要撰写定价分析报告。1999年7月《关于进一步完善股票发行方式的通知》发布，规定在协商定价的过程中需要引进机构投资者，希望通过这种方式达到三方制衡的局面。然而多方面的政策和规定并不能有效控制发行人、承销商和机构投资者三方协商定价的不理性因素，新股发行价格和发行市盈率逐渐攀升而新股上市之后价格持续下行。2000年，闽东电力的发行市盈率高达88倍，这种极高的定价引发了市场极大的抵触情绪，并让证监会再次考虑对市盈率启动干预。2001年11月，证监会恢复了对新股发行定价的"窗口指导"。

证监会在1999年到2001年实行了一段时间的市场化定价改革，由于市场和定价机制都不够成熟，并未取得良好的效果。因此在实施核准制8年、实行询价制4年以后，也就是在2009年，证监会发起了新股发行体制改革，而市场化定价就是这轮改革的重中之重。2009年6月10日，证监会颁布了《关于进一步改革和完善新股发行体制的指导意见》，其中最引人瞩目的就是"淡化行政指导，形成进一步市场化的价格形成机制"。"行政指导"就是业界俗称的"窗口指导"，"淡化行政指导"说明监管层取消了"窗口指导"政策，此后的定价不再受到固定的发行市盈率的限制，将IPO的定价主导权还给市场参与者。本书将2009年至2014年这个阶段定义为新股发行体制改革"窗口指导"取消阶段（见表3-2）。

这场新股发行体制改革完善了我国新股发行的政策制度，促使新股发行体系走向成熟，使曾经非常严重的抑价现象得到了缓解，但是同时也引发了新的问题。从2010年开始，证监会加快了对企业申请发行的核准节奏，大量企业涌入一级市场谋求融资，然而破发现象开始显露头角并逐步加剧。2010年在中小板发行上市的企业有204家，然而上市首日就跌破发行价的企业达到了16家，全年的新股破发率达到了8%。2011年情况更加严重，115家在中小板发行上市的企业中有32家在上市首日跌破发行价格，全年破发率达到28%。严重的破发现象使一、二级市场都陷入低迷，在浙江世宝发行之后，证监会展开了广泛持久的新股发行审核工作，2012年11月到2014年1月事实上停止了IPO的发行工作。2014年年初，新股发行重启之后，首批发行的8家公司发行市盈率仍然较高，而奥赛康甚至出现了发行市盈率高达67倍的情况，这一定价结果触发了市场各方的抵触情绪，证监会紧急叫停了奥赛康的发行，并在2014年1月12日颁布了《关于加强新股发行监管的措施》，其中规定公司发行价格高于同行业二级市场平均市盈率的要连续三周发布风险公告。2014年6月以后上市的新股发行市盈率均未超过23倍，标志着证监会重新启动了对新股发行定价的"窗口指导"。本书将2014年6月之后的阶段定义为新股发行体制改革"窗口指导"重启阶段（见表3-2）。

表3-2 新股发行体制改革阶段的划分

	"窗口指导"取消阶段	"窗口指导"重启阶段
划分时间	2009年6月—2014年6月	2014年6月至今
划分标准	2009年6月10日,证监会颁布了《关于进一步改革和完善新股发行体制的指导意见》,其中提到"淡化行政指导,形成进一步市场化的价格形成机制","行政指导"就是指业界俗称的"窗口指导",淡化行政指导即取消了"窗口指导"政策,此后定价不再受到固定发行市盈率的限制	2014年1月12日,证监会颁布了《关于加强新股发行监管的措施》,其中规定公司发行价格高于同行业二级市场平均市盈率的要连续三周发布风险公告。2014年6月以后上市的新股发行市盈率均未超过23倍,标志着证监会重新启动了对新股发行定价的"窗口指导"

第二节 新股发行体制改革"窗口指导"取消阶段(2009—2014年)

一、"窗口指导"取消阶段改革的起因

从最初的行政化指导下的固定价格机制到后来约束市盈率的定价机制,由于我国IPO发行价格长期受到行政指导,IPO发行上市后产生了非常严重的抑价现象,这引起了国内外学者的关注。这种现象也影响到了新股发行市场中的各个参与主体的利益,包括发行人、承销商以及投资者在内的主体利益受到了损害,也难以发挥资本市场的价格发现功能。为了解决这种问题,2005年之后证监会持续在市场化道路上进行探索,2009年6月证监会发布了《关于进一步改革和完善新股发行体制的指导意见》,自此之后,证监会在核准制和询价制的基础上发起了多次完善发行体制的改革,即新股发行体制改革,"窗口指导"政策也被取消。

二、"窗口指导"取消阶段改革的主要内容

由上一节的讨论可知,2009年6月到2014年2月这个阶段被定义为新股发行体制改革"窗口指导"取消阶段,在这一阶段中,证监会以几乎

一年一次的频率进行了四轮改革。2009年6月10日证监会发布的《关于进一步改革和完善新股发行体制的指导意见》，2010年11月1日证监会发布的《关于深化新股发行体制改革的指导意见》，2012年4月28日证监会发布的《关于进一步深化新股发行体制改革的指导意见》，2013年11月30日证监会发布的《关于进一步推进新股发行体制改革的意见》。贯穿这四次新股发行体制改革的总思路就是询价定价机制的完善化和市场化。除了定价机制，这四次改革还涉及各个方面的内容，因此本书将改革举措的主要内容进行了列举，如表3-3所示。

表3-3 新股发行体制改革"窗口指导"取消阶段的主要改革举措

发布时间	文件名称	主要改革举措
2009年6月10日	《关于进一步改革和完善新股发行体制的指导意见》	1. 促进市场化价格形成机制，取消发行市盈率的"窗口指导"，完善询价报价和申购报价机制； 2. 每个新股配售对象都只能选择网上申购或网下配售其中一种方式申购； 3. 对网上申购账户设申购数量上限； 4. 充分提示投资者参与一级市场的风险性，刊登新股投资风险公告
2010年11月1日	《关于深化新股发行体制改革的指导意见》	1. 进一步完善询价报价、申购报价机制； 2. 扩大参与询价对象范围，主承销商可制定明确规则推荐机构投资者； 3. 提高询价定价过程的透明度，披露机构投资者具体报价情况； 4. 完善回拨机制，网上申购不足的部分可以向网下回拨，反之不行
2012年4月28日	《关于进一步深化新股发行体制改革的指导意见》	1. 强调各参与主体应尽责真实地披露新股发行相关信息； 2. 扩大参与询价对象的范围，主承销商可制定明确规则推荐个人投资者； 3. 网上发行数量不低于本次发行的50%； 4. 由发行人、承销商和网下配售投资者自行约定锁定期，不再设置三个月锁定期
2013年11月30日	《关于进一步推进新股发行体制改革的意见》	1. 约束高报价，剔除不低于10%的最高报价申购量，提高网下配售比例，调整网上网下回拨机制； 2. 允许发行人与承销商不进行询价，自行协商发行价格； 3. 承销商可以自主配售网下发售的股份

新股发行体制改革"窗口指导"取消阶段的改革内容主要体现在以下几方面。

（一）在初步询价的参与者方面

改革之前的累计投标询价制中，初步询价的对象可以只进行询价报价而不需要根据报价认购股份，但是新的发行制度中询价的对象和申购要约的对象需要一致，这保证询价的对象不会乱报价，而是根据之后申购的股票来进行报价，只有当报价低于询价价格区间的下限时，可以不参与新股的申购。所以在新的发行制度下，询价对象的报价需要考虑下个环节申购股票时的情况，使得询价对象充分地为自己的报价负责，也提高了机构投资者参与询价过程的比例，完善了价格形成机制。

（二）关于申报内容的变化

在之前的发行制度中，询价对象只需要向承销商提供申报的价格区间，而在新的发行制度中，询价对象需要准确申报发行价格以及意愿申购的新股数量，承销商根据询价对象申报的价格和数量与发行人协商新股发行价格。由于询价对象需要提供精确的价格，所以需要询价对象具有较高的价值挖掘能力，这有利于各主体在询价过程中积极挖掘新股的真实价值和制定合理的新股发行价格。

（三）关于强制要求申报申购数量的要求

在之前的发行制度中，初步询价对象不需要认购申报价格的股票，但是新的发行制度要求配售对象与申购对象一致，并且规定询价对象在申报价格的同时申报申购新股的数量，在发行人和承销商确定了发行价格区间后，投资者再进行累计投标询价并且申购的新股数量要大于等于初步询价申购的数量，使询价对象对初步询价时申报的价格和申购的数量负责任。

（四）此次新股发行改革也促使询价和申购紧密结合在一起

新的制度要求承销商统计询价对象的报价申购情况，然后根据报价申购情况确定具体的发行价格区间，当询价对象的报价都比发行价格区间的下限低时，应该将该对象排除在第二阶段的累计投标询价过程外，防止询价对象以低价申报却以高价买入的情况。另外，承销商也可以公告以高价申报却不进行申购的询价对象的名单。

（五）进一步向投资者提示了风险以保护中小投资者的利益

首先，要求发行人和承销商在中小投资者进行网上申购以前向其提示投资风险特别公告；其次，禁止已经参与网下询价的机构投资者再去进行网上申购；最后，限制网上申购过程中单一账户的申购数量，其申购数量要少于网上公开发行股份数量的千分之一，以多重措施向中小投资者提示风险以及保护中小投资者的利益。

三、"窗口指导"取消阶段改革的市场反应

（一）新股发行体制改革"窗口指导"取消阶段的积极成效

第一，IPO抑价现象得到了显著的改善。本次新股发行体制改革以市场化为引导，对新股发行定价各项环节加以修正，A股新股定价市场化程度逐渐提高。虽然2009年6月新股发行重启之前经历了长达9个月的暂停发行，市场对新股发行积累的热情较高，并且适逢市场流动性十分充裕的时机，但此后统计数据表明，IPO上市首日抑价现象较此前出现了明显的缓解，较发行制度改革前平均水平显著降低，其中主板市场定价效率改善最为显著，目前，首日收益率水平基本与海外成熟市场趋于一致。

第二，保障了中小投资者的利益，提高了中小投资者的参与意识。此次改革规定网下配售参与者不能再参与网上申购，并为网上申购的单个账户规定了最高数量。这些举措合理分配了网上和网下的申购资金，限制单个账户的措施则提高了中小投资者的参与度，同时限制了机构投资者参与网上申购的适用性，因为机构投资者往往需要申购上亿元的股份数额，网上单个账户的限制使机构投资者较难操作，很好地限制了机构投资者对网上申购的参与。由于机构投资者受到限制，因此中小投资者在网上申购中得到了更多机会，网上申购的中签率大幅增长，维护了中小投资者的利益，促进了资本市场的公平发展。在这种情况下，中国建筑等的首次公开发行中的网上中签率超过了网下配售比例。

第三，改革缓解了巨额资金申购新股的状况，提高了资源配置的效

率。此次新股发行制度改革限制了大量资金对新股的申购，很多专注于投资新股的资金不能再从申购新股中获得巨额回报，这样保证了市场中资金的合理分配，而不是局限于炒作新股，对稳定新股发行市场具有巨大意义。另外，价格发现机制逐步显现，新股发行价格回归合理区间，新股上市之后首日的收益率降低，使打新的投机性资金无法获益，从而促使资金流出一二级市场，提高了资金的配置效率。

第四，这一次的新股发行体制改革在市场化的改革方向上前进了一大步，补充完善了询价机制，使得市场参与主体行使自身的权利并承担自身的责任。定价机制进一步市场化，一方面对承销商的定价经验和市场把握能力的要求提高；另一方面投资者报价更为理性客观，对上市公司基本面和投资亮点挖掘的重视程度有所提高，也有利于其自身研究能力的提高，有助于培养遵循价值投资理念的核心机构投资者群体。此外，市场化的新股发行体制也对发行人确定发行价格形成市场化约束，有利于中国资本市场的长期健康发展。

（二）新股发行体制改革"窗口指导"取消阶段的新问题

（1）新股发行市盈率明显提高

由于本次新股发行改革取消了"窗口指导"政策，这项措施使新股发行定价机制彻底市场化，根据发行人和投资者之间的供需关系确定发行价格，发挥了发行人、承销商和投资者之间的价格发现功能。本轮新股发行体制改革充分借鉴境外成熟市场定价机制，新股发行价格更加贴近市场供需均衡水平，A股市场IPO首日收益率偏高的现象得到显著改善。但是由于大型机构投资者缺席中小盘股的定价，我国一、二级股票市场上出现了中小盘股票的估值远远高于大盘股的现象。这种现象的出现主要源于监管部门的监管重点放在了大盘股上，小盘股的上市公司高层管理团队容易和小型机构串通炒作新股，由于大盘股比中小盘股的流动性好，相较于国外成熟的资本市场，一般来说，其估值水平会高于中小盘股。

另外，取消"窗口指导"意味着让市场机制发挥更大的作用。首先，在"窗口指导"存在的情况下，监管机构会对新股发行价格施加一定的限制，使得新股发行市盈率维持在一个相对较低的水平（如23倍）。一旦取消"窗口指导"，发行人可以根据市场需求、企业基本面等因素自主定价，这导致了定价更贴近市场实际情况，从而提高了发行市盈率。其次，投资者对于新股的需求随着市场条件的变化而变化。如果市场上优质企业较多或者市场情绪乐观，投资者可能会更愿意为新股支付更高的价格，从而推高新股发行市盈率。再次，在取消"窗口指导"之后，企业的估值不再受到人为设定的价格上限约束。对于具有成长潜力或者行业前景好的企业，市场可能会给予更高的估值，进而反映在更高的发行市盈率上。最后，在取消"窗口指导"之后，机构投资者在新股定价中的作用变得更加重要。机构投资者在新股询价过程中，基于对企业基本面的深入分析，可能会给出更符合市场预期的报价，这也可能导致发行市盈率上升。总之，取消"窗口指导"政策是为了让市场力量在新股发行定价过程中发挥更大的作用，这不仅提高了定价效率，也让定价更加合理地反映企业的实际价值和市场预期，从而使得新股发行市盈率有了明显的提升。

（2）获配机构数量及入围比例趋于下降

随着新股申购收益逐渐降低以及锁定期内"破发"不断出现，"打新"对机构吸引力逐渐下降，表现为参与初步询价的机构数量及获配的机构数量均明显下降。同时，为了获得满意的定价，部分保荐机构和发行人在制定累计投标价格区间时，定价偏高，使得最终获配的配售对象入围比例大幅下降，进一步降低了询价机构参与网下询价配售的积极性。再加上网上单个账户申购上限的限制，一方面，导致新股投资者结构恶化，散户投资者、报价高但定价能力偏弱的财务公司、信托机构成为主要股东，而大量高质量的基金、保险机构等投资者被"拒之门外"；另一方面，直接造成承销商无法获取充分的报价信息，如滨化股份仅有36家询价机构的60个配售对象参与了报价，最终仅21家机构的32个配售对象获得配售。

（3）新股破发现象频现

2009年之前上市首日即破发的仅有苏泊尔、宜华木业和美欣达单。很多投资者认为，在股票市场申购新股几乎可以获得较高的无风险收益。并且在改革前的报价机制下，机构投资者在询价阶段的报价与其后续申购不挂钩，导致部分询价机构对于发行主体的基本面研究较少甚至不关注，报价随意性较大，缺乏严谨性。2009 年新股重启发行以来，共计 5 单 IPO 首日破发，上市的 67 单 IPO 中有 23 单在 3 个月的网下发行锁定期内出现过破发。新股破发在成熟的资本市场是一种常见的现象，我国在新股发行定价机制完全市场化之后出现这种破发现象具有一定的必然性。一级市场的新股申购应该和二级市场的股票买卖一样具有风险，新股申购长期处于必定盈利的现象有悖于经济规律，破发现象的出现有助于投资者认清新股申购的风险性。

第三节 新股发行体制改革"窗口指导"重启阶段（2014—2017 年）

一、"窗口指导"重启阶段改革的起因

在"窗口指导"政策取消的初期，新股发行定价开始全面市场化，发行价格由发行人和投资者供需双方共同发现。但是没有市盈率约束的情况下，发行人希望尽可能提高发行价格，机构投资者通过提高报价保证能够申购新股，双方的作用使新股的估值逐渐拔高，新股申购的风险越来越大，加上二级市场的剧烈波动，2010—2012 年出现了大量的新股跌破发行价的现象。

严重的破发现象使得一二级市场都陷入低迷，在浙江世宝发行之后，证监会展开了广泛持久的新股发行审核工作，2012 年 11 月—2014 年 1 月事实上停止了 IPO 的发行工作。2014 年年初新股发行重启之后，首批发行的 8 家公司发行市盈率仍然较高，而奥赛康甚至出现了发行市盈率高达 67 倍的情况。这一定价结果触发了市场各方的抵触情绪，证监会紧急叫停了奥赛康的发行，并在 2014 年 1 月 12 日颁布了《关于加强新股发行监管的措施》，其中规定公司发行价格高于同行业二级市场平均市盈率的要连续

三周发布风险公告。2014年6月以后上市的新股发行市盈率均未超过23倍,标志着证监会重新启动了对新股发行定价的"窗口指导",进入新股发行体制改革"窗口指导"重启阶段。

二、"窗口指导"重启阶段改革的主要内容

从统计数据来看,2014年6月之后证监会正式启动了对新股发行市盈率的"窗口指导",但是因为证监会没有发布明确的文件,本书只能从改革的过程中推断监管层在2013年年底就开始考虑重启这项政策。由表3-4可以看出,2013年年底到2014年年初,证监会发布了三次部门规章:2013年12月13日,对新股上市初期的交易监管进行修改,将首日连续竞价阶段中的有效报价限制在发行价格的144%以内,希望通过这种方式控制二级市场的炒作行为;2014年1月10日紧急叫停奥赛康的高价发行行为后,2014年1月12日发布《关于加强新股发行监管的措施》,规定公司发行价格高于同行业二级市场平均市盈率的要连续三周发布风险公告,并且每周公告不少于一次,证监会在这种情况下仍然以强制发行人向投资者提示风险为监管重点,没有立即重启"窗口指导"的政策;2014年3月21日,证监会发布了完善新股发行改革的相关措施,优化了老股转让机制,并进一步规范完善了询价机制,在暂停了3个月之后重新启动了IPO,同时重启了"窗口指导"政策。在此之后,2015年12月30日,证监会对《证券发行与承销管理办法》进行了修订,取消了新股申购预缴款制度并简化了发行2000万股以下新股的发行政策。

表3-4 新股发行体制改革"窗口指导"重启阶段的主要改革举措

发布时间	文件名称	改革举措
2013年12月13日	《关于进一步加强新股上市初期交易监管的通知》	控制首日价格炒作,限定在连续竞价阶段中有效申报价不能超过发行价的144%
2014年1月12日	《关于加强新股发行监管的措施》	规定公司发行价格高于同行业二级市场平均市盈率的要连续三周发布风险公告,每周公告不少于一次

续表

发布时间	文件名称	改革举措
2014年3月21日	《完善新股发行改革的相关措施》	1. 优化老股的转让机制; 2. 进一步规范网下询价、定价和配售; 3. 增加网下向网上回拨的范围,满足中小投资者申购新股的需求; 4. 加强对发行中和发行后的监管
2015年12月30日	《关于修改〈证券发行与承销管理办法〉的决定》	1. 取消新股申购预先缴款的制度; 2. 取消发行2000万股以下新股的询价,对发审条件进行简化; 3. 增强信息披露要求; 4. 加大投资者保护,强化中介机构责任

数据来源:中国证券监督管理委员会网站

三、"窗口指导"重启阶段改革的市场反应

(一)定价空间基本消失

2014年6月新股重启之后,证监会开始对发行市盈率执行严格的"窗口指导",使发行人和承销商协议定价的空间基本消失。询价机制实际上已经只剩下一套流程,发行人和承销商不再组织现场路演,对发行人和投资者来说已经不存在进行价格发现的过程,参与询价的投资者可以通过招股说明书提供的信息和"窗口指导"规定的23倍市盈率上限推算出发行价格的准确范围。这种情况让一级市场的参与者不再需要进行定价博弈,也让发行人在定价方面完全失去了主动性,CEO在定价上面也就没有了话语权,新股发行定价过高的现象消失不见。

(二)隐形抑价现象和炒新并存

虽然证监会采取"窗口指导"政策解决了新股发行定价过高的问题,但是"一刀切"的做法让新发行的股票市盈率普遍低于行业市盈率,询价机制的价格发现功能失效。一级市场的定价功能失效,因此投资者在二级市场上对新股进行疯狂炒作,同时由于首日及短期价格涨跌幅的限制,新股上市之后连续十几日甚至二十几日涨停的现象层出不穷,更进一步助长了新股市场投机炒作的氛围。

首日收益率在政策的限制下普遍为44%,但这个数字不能代表新股抑价现象并不存在,新股上市后连续多日的涨停代表着新股在涨跌幅限制下仍然存在严重的隐形抑价。在新股停止涨停趋势即开板之后,仍然有不小的涨幅,这和"窗口指导"取消阶段的跌破发行价形成了鲜明的对比。

第四节 两阶段 CEO 特征影响 IPO 定价调整及短期表现的理论框架

一、"窗口指导"取消阶段 CEO 特征影响 IPO 的理论框架

由第二章的理论分析和第三章的新股发行体制改革划分可以梳理出两个阶段 CEO 特征对 IPO 定价调整及短期表现的影响路径。在 2009 年到 2014 年年初的新股发行体制改革"窗口指导"取消阶段,全面放开发行市盈率的监管使发行人、承销商以及投资者在定价调整过程中能够根据各自的动机调整发行价格。

"窗口指导"取消阶段 CEO 特征对 IPO 定价调整的影响如图 3-1 左侧所示,没有"窗口指导"的市场化定价机制给予了发行人 CEO 足够的定价空间和影响力,文化价值理论和高阶梯队理论提供了基础的理论依据。由前述新股发行定价机制的演进可以知道,除了 1999 年到 2001 年短暂地取消对发行市盈率的限制,2009 年前的定价机制一直受到行政手段的干预,发行人在新股定价环节一直缺乏自主权。因此,"窗口指导"的取消为发行人创造了自主定价的空间,也给 CEO 决策带来了新的挑战,CEO 在何种程度上以及如何影响 IPO 定价调整决策是首先需要解决的问题,文化价值理论和高阶梯队理论为这两个问题提供了基础的理论依据。文化价值理论从社会文化层面解释了我国 CEO 在企业组织内部拥有极高地位和极大权利的原因,根据霍夫斯泰德国家文化维度模型的分析,我国社会文化具有权力距离较大、集体主义盛行、追求物质成就以及对不确定性容忍度较高的特性,CEO 在这样的社会文化背景下极有可能具有较高水平的权力并

追求更多的收益回报。高阶梯队理论则分析了 CEO 特征能够影响 IPO 过程的原因,该理论将以往人们对经济技术的关注聚焦到了人为因素对管理的影响上来,除了公司的经营业绩以及市场环境会对 IPO 过程产生影响,CEO 对 IPO 的影响也应该受到关注,而对 CEO 特征的衡量则为研究 CEO 对 IPO 的影响提供了可行的途径。

在"窗口指导"取消阶段,发行人 CEO 和承销商成为利益共同体,同时 CEO 特征作为公司价值的相关信号传递给投资者。大部分成熟市场经济体实行的新股询价定价机制给予了承销商配售股票的权力,这种情况下承销商和发行人的利益并不一致[117-118],一方面承销商会尽量压低发行价格来减小分销难度,另一方面承销商可以利用优先配售权从机构投资者手中赚取额外收入。但我国的询价定价机制并没有赋予承销商配售股票的权利,市场对新股的追捧使承销商不用过于担忧分销股票的难度,同时承销费用的收取是基于募集资金总额计算得到的,因此我国承销商在新股定价调整过程中和发行人 CEO 形成利益共同体,他们的共同目标就是尽可能将发行价格向上调整。投资者在初步询价的过程中需要从各种信息入手判断发行公司的内在价值,CEO 特征为投资者提供了相关信号,有助于投资者理解公司的经营理念和未来发展方向,减少投资者和发行人之间关于定价的分歧。

在"窗口指导"取消阶段发行人 CEO 和承销商成为利益共同体,在文化价值理论和高阶梯队理论的基础上,禀赋效应理论阐释了 CEO 倾向于提高发行价格的原因,前景理论和心理账户理论则进一步提供了 CEO 提高发行价格的理论依据。在禀赋效应的影响之下,CEO 会以初始价格为基础制定更高的发行价格,以弥补即将失去部分股权而带来的损失,发行价格的不确定性以及发行人和投资者的强烈交易愿望也会促使 CEO 被禀赋效应所影响。前景理论和心理账户理论认为 CEO 会将初始价格看作衡量新股发行损益的"参考点",CEO 会将新股发行时发行价格超过"参考点"初始价格的部分看作此次发行的收益,而将新股发行定价过高之后在二级市场上可能产生的股价跌破发行价的部分看作此次发行的损失,发行人将会综合这两者考虑可能产生的财富的收益或损失,当首日收盘价高于发行价格时，CEO在面临两个收益时，会对它们采取"分账"对待，当发行价格高于初始价格的收益大于首日收盘价低于发行价格的损失时，CEO会对两个账户进行"合账"处理，因此，发行人CEO会尽可能地提高公司的发行价格，只要新股发行上市首日的收盘价比招股说明书申报稿中的初始价格高，CEO就不会感觉受到了损失。

"窗口指导"取消阶段CEO特征对IPO短期表现的影响如图3-1左侧所示，CEO无法直接影响二级市场，因此主要是通过CEO特征向投资者传递信号的方式影响股价的表现。由于CEO特征的相关信息已经被纳入定价调整幅度中，CEO特征对新股上市后的影响可能并不显著。

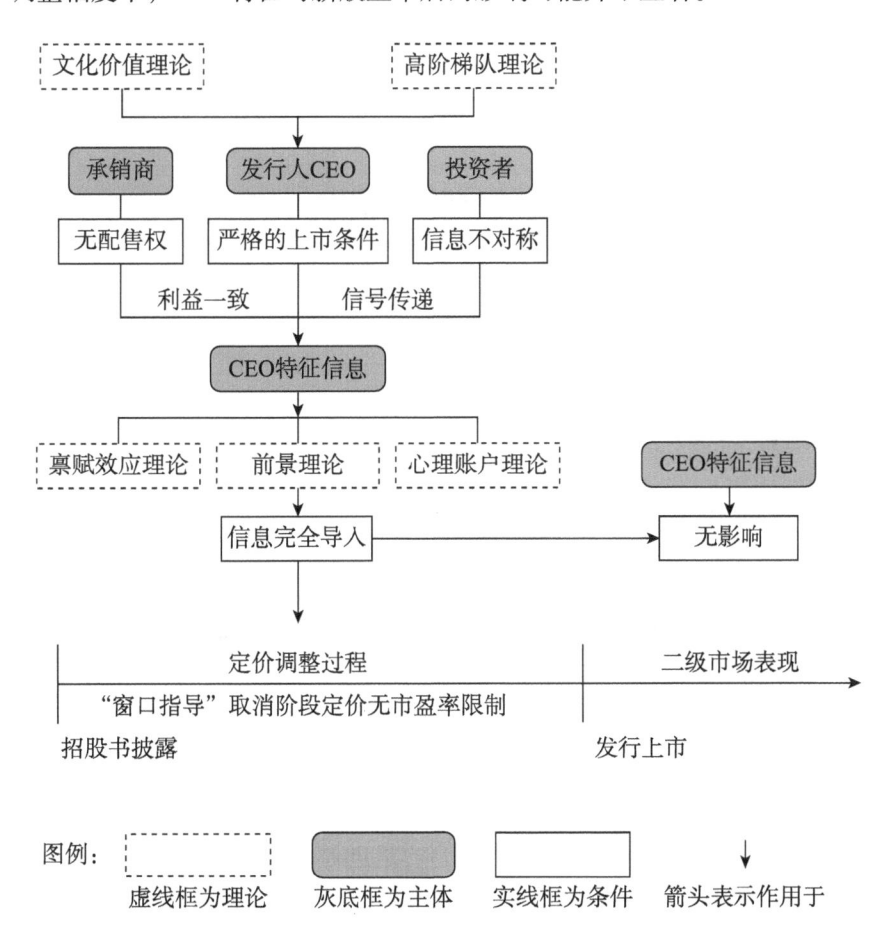

图3-1 "窗口指导"取消阶段CEO特征对IPO定价调整及短期表现的影响路径

二、"窗口指导"重启阶段 CEO 特征影响 IPO 的理论框架

"窗口指导"重启阶段,由于发行市盈率再次受到限制,在 IPO 的定价调整阶段发行人不再享有自主定价权,23 倍市盈率的限制使询价定价机制失效,因此 CEO 特征对 IPO 定价调整过程的影响也消失了。由于受到 IPO 定价机制的限制,CEO 特征通过信号传递影响二级市场投资者,从而影响二级市场上公司的股票价格(见图 3-2)。

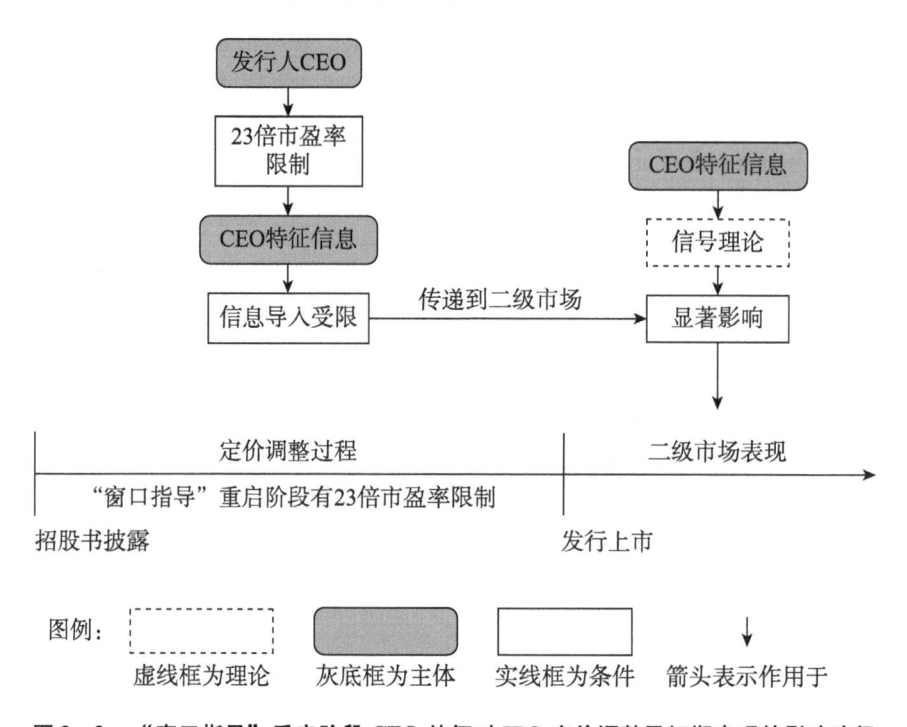

图 3-2 "窗口指导"重启阶段 CEO 特征对 IPO 定价调整及短期表现的影响路径

第五节 本章小结

本章重点分析了我国新股发行体制的演进过程并进行了阶段划分,然后在第二章理论依据和本章阶段划分的基础上,对两个改革阶段下 CEO 特征对 IPO 定价调整及短期表现的影响路径进行了分析总结。首先将 2009 年

以前的新股发行审核制度的演进和新股发行定价机制的演进进行了归纳梳理，从2009年开始，证监会在逐渐成熟的新股发行市场上推行了多轮新股发行体制改革，这些举措取得了不少成绩，也暴露了新的问题，最终监管层在2014年再次启用"窗口指导"政策，因此本书以2009年和2014年两次比较重要的改革为节点，划分两个改革阶段，即新股发行体制改革"窗口指导"取消阶段和"窗口指导"重启阶段。在理论依据和阶段划分的基础上，本章对两个改革阶段CEO特征对IPO定价调整及短期表现的影响路径进行了分析总结。在"窗口指导"取消阶段，CEO特征对IPO的影响主要集中在定价调整阶段，而在"窗口指导"重启阶段，23倍市盈率限制了CEO对IPO定价调整的影响，CEO特征通过信号传递影响二级市场的投资者并最终影响股票价格表现。

第四章 CEO 特征和 IPO 定价调整及短期表现的测度及现状分析

第一节 CEO 特征测度及现状分析

由前述章节可知 CEO 特征主要包括两个维度：一个是外部资源型特征；另一个是个人能力型特征。外部资源型特征里 CEO 的政府从业经历和任期长度是相对重要的特征。个人能力型特征里 CEO 的专业职称和教育水平是相对重要的特征。除了以上四个特征，CEO 的其他特征也会或多或少地影响其决策。

为了获取分析 CEO 相关特征数据，本书从国泰安数据库以及万得数据库中进行了数据提取和数据对比补充，并根据中国证券监督管理委员会网站的首次公开发行股票信息披露系统提供的各个公司招股说明书申报稿以及招股说明书申报稿更新稿进行了数据提取、补充和校对。在抓取 CEO 信息时，根据第二章讨论确定的 CEO 同义词语来提取研究主题，在国泰安数据库中选取高管职位为"首席执行官""总经理"以及"总裁"，甄别某些存在错误的标识以保证样本数据的准确可靠性。

一、CEO 的政府从业经历

20 世纪 80 年代中期的经济体制改革，促使部分官员"下海"进入企业，一些政府官员进入了相应部门的国有企业；改革开放的浪潮又带领一批官员进入商业领域；21 世纪以来，一些曾经的政府官员加入企业，同时很多优秀的企业家积极寻找与政府更多沟通的途径。

CEO 的政府从业经历对公司价值、绩效以及公司的股价既可能产生正面的影响,也可能产生负面影响。借鉴国内外研究成果以及本书的需要,本书仅将曾在市级以上的职位任职的 CEO 定义为具有政府从业经历。

表 4-1 列出了本书第一个样本区间,即 2009 年 6 月至 2014 年 2 月 CEO 政府从业经历特征在不同定价调整幅度中的分布,可以发现拥有政府从业经历的 CEO 更倾向于将发行价格向上调整并在初始价格的基础上向上调整一倍以上。表 4-2 列出了本书第二个样本区间,即 2014 年 6 月到 2017 年 4 月 CEO 的政府从业经历在不同短期收益率中的分布,可以看出拥有政府从业经历的 CEO 对应的新股短期收益率主要在 100%~300%。

表 4-1 2009 年 6 月—2014 年 2 月 CEO 政府从业经历

在不同定价调整幅度中的分布

定价调整幅度(%)	有政府从业经历	无政府从业经历
<0	3	12
0~100	30	140
100~200	53	112
200~300	25	45
300~400	5	12
400~500	1	3
500~600	0	2
>600	0	1
总计	117	327

表 4-2 2014 年 6 月—2017 年 4 月 CEO 政府从业经历

在不同短期收益率中的分布

$R1$(%)	Pol	Non-Pol	$R2$(%)	Pol	Non-Pol	$R3$(%)	Pol	Non-Pol
<100	2	36	<100	2	40	<100	3	48
100~200	7	40	100~200	7	33	100~200	6	29
200~300	7	15	200~300	8	15	200~300	4	11
300~400	4	2	300~400	5	5	300~400	8	3

续表

R1 (%)	Pol	Non-Pol	R2 (%)	Pol	Non-Pol	R3 (%)	Pol	Non-Pol
400~500	1	0	400~500	1	0	400~500	3	1
>500	4	2	>500	2	2	>500	1	3
总计	25	95	总计	25	95	总计	25	95

注：$R1$、$R2$ 和 $R3$ 分别为 1 个月、2 个月和 3 个月收益率，Pol 代表具有政府从业经历的 CEO 数量，Non-Pol 表示没有政府从业经历的 CEO 数量。

二、CEO 的任期长度

CEO 任期是指 CEO 实际担任该职位的时间长度，不包括其在担任 CEO 职位以前曾经在公司工作的时间。由于本书研究的事件为首次公开募股，所以本书中任期的计算时间为 CEO 履职的时间到新股发行日期间的时间长度。

CEO 任期对其管理模式有很大影响，CEO 任期越长越容易形成较为稳定的管理模式[118]，从而在公司内部建立起稳固的地位和声誉。这种现象的成因包括以下几点。首先，稳定的管理模式的建立需要长时间的投资[119]。当 CEO 在公司的任期越长，其在公司内部建立和实行的管理模式的时间越长，越容易形成稳固的管理模式，并形成稳定的公司内部的地位和声誉。任期较长的 CEO 已经实施了具有自己特征的管理模式多年，因而能与公司其他人建立稳定默契的关系。其次，任期越长说明 CEO 的管理模式越适宜该公司的管理与发展，说明 CEO 和该公司契合度较高。如果 CEO 能够带领公司取得符合预期的业绩，就会被多次委任担当该职位[120]。最后，较长任期的 CEO 形成了自己稳定的地位和声誉，因此他们也会保持稳定的管理模式。为了保持自己良好的声誉，CEO 会关注自己管理模式的前后一致性，较少推翻以前形成的模式，从而维持较为固定的管理模式。

CEO 任期和外部董事对公司的实际控制权之间存在负相关关系，也就是说 CEO 的任期越长时，外部董事对公司的控制权越低[121]。CEO 任期之所以能够影响外部董事对公司控制权的大小，其主要原因是 CEO 在最初被委任时需要和外部董事进行积极沟通，确保外部董事认可其管理和决策能力,在这个阶段外部董事也会因为保证自己推荐的合理性与CEO进行积极地交流。这个阶段外部董事仍然对公司密切关注,因此具备较大的控制权。然而当CEO的任期越来越长的时候,CEO已经能够熟练地管理公司,同时也获得董事会的高度信任,因此外部董事对公司管理不再密切关注,控制权逐渐下降。CEO任期时间越长,董事会成员的监督作用越弱,而CEO对董事会的控制力也越强。

任期衡量首席执行官的服务期限,并反映首席执行官对公司的熟悉程度,可表示首席执行官对公司的信心。一般来说,更长的任期可能会导致CEO对公司拥有更大的控制权并在同事中建立声望,这会逐渐增加CEO的信心[122-124]。因此,拥有较长任期的首席执行官通过捕捉公司的真正价值并相信公司的未来发展而区别于其他人,从而有信心提高IPO的初始价格[125-126]。

此外,更长的任期也意味着首席执行官已被董事会提名两次或更多次,这表明他/她赢得了董事会的信任和依赖[127-128]。因此,首席执行官的价格提升决定将得到董事会的支持而没有太多的内部冲突[129]。首席执行官的管理和他/她对公司的信心将赢得承销商的帮助,从而提高首次公开募股的初始价格。CEO的任期越长,其经验也会越丰富。任期较长的CEO通常积累了丰富的经验和行业知识,这有助于企业在复杂多变的市场环境中保持稳定。CEO的任期越长,越有助于保持企业战略的一致性和连续性,尤其是在面对长期挑战时,如技术革新或市场转型。更长的任期还会增加相关主体的信任感,包括员工、客户、供应商以及投资者的信任,这对于企业声誉的建设和维护至关重要。如果企业的治理结构健全,即便CEO任期较长,也不一定会导致独裁。有效的董事会监督、股东参与以及其他制衡机制可以防止过度集权。

表4-3列出了两种政策的样本区间内CEO任期的分布情况,我们可以看出,中小板上市的企业CEO的任期长度主要集中在2~6年,有较多的CEO任期在2年左右,有可能是中小板上市企业为了上市专门指派或聘用的CEO。

表4-3 两个阶段CEO任期的分布情况

2009年6月—2014年2月			2014年6月—2017年4月		
任期（年）	CEO数量	比例	任期（年）	CEO数量	比例
1	77	17.34	1	26	21.67
2	165	37.16	2	36	30.00
3	134	30.18	3	29	24.17
4	31	6.98	4	11	9.17
5	17	3.83	5	10	8.33
6	11	2.48	6	2	1.67
7	4	0.90	7	3	2.50
8	3	0.68	8	1	0.83
9	0	0.00	9	1	0.83
10	0	0.00	10	1	0.83
11	2	0.45	11	0	0.00
样本总量	444	100	样本总量	120	100

注：表中任期由实际任期四舍五入得到。

三、CEO的专业职称

CEO的专业职称一定程度上能够反映其在相关专业方面的专家能力，包括保持公司在行业内的竞争地位，建立和维护客户关系，与供应商协调配合并和监管政府保持良好的关系等，这些都需要CEO的专业能力，因此CEO的专业职称是衡量其能力水平的重要指标之一。

专业职称代表了CEO在处理解决相关技术问题时的专业性，表明CEO已经在此领域具备一定的工作经验。本书选取了国家相关机构认可的专业技术职称，包括助理工程师、工程师、高级工程师、助理经济师、经济师、高级经济师、一级注册建造师、二级注册建造师、注册会计师、非执业注册会计师、助理会计师、会计师、高级会计师、副教授、教授、副研究员、研究员、副主任医师、主任医师、副主任药师、主任药师、律师、高级农艺师、副编审、编审。各个类别的专业职称都有不同的评审标准，比如助理经济师和经济师就是在全国专业技术人员资格考试成绩合格后取得的，考试的报名需要考生具有一定的学历和工作经验，考试需要通过"经济基础知识"和"专业知识与实务"两门科目，考察的内容主要包括专业知识和工作经历。高级经济师则采取考试和评审相结合的方法，除了专业考试，申请人的学历、工作经历、业绩成果和学术水平还需经过多方面的评审。各方面的评审条件都比较严格，是国家机构对申请人专业水平的权威认可。

CEO 具有某项专业职称代表其在这项专业方面具有比较系统的专业知识和丰富的工作经验，能够在日常的经营活动中做出有利于公司发展的决策。由专业职称传递出的信号为 CEO 塑造了专业的形象，为 CEO 带来良好的声誉，从而提高他人对 CEO 的认可程度，也会增加 CEO 的自信程度。因此 CEO 在面对 IPO 定价这样的战略性融资决策时，专业职称会帮助她/他们提高自信程度，从而可能在定价调整过程中提高发行价格。当政策背景不允许 CEO 在定价调整过程中提高发行价格时，其专业职称特征会作为公司特征的一部分传递给二级市场的投资者，从而提高公司股票在二级市场的表现。

CEO 的专业职称及其背景对公司的影响是多方面的，它不仅涉及公司的战略方向、管理水平，还会影响企业文化、员工士气等方面。拥有相关行业背景的 CEO 能够更好地理解和把握行业趋势，制定出更具针对性的战略计划。具备深厚专业技能的 CEO 能够在特定的技术或业务领域提供专业的见解，帮助公司在这些领域内取得竞争优势。不同的专业背景往往伴随着不同的管理风格。例如，有着工程背景的 CEO 可能更注重流程优化和技术改进，而有着营销背景的 CEO 可能更擅长品牌建设和市场拓展。具有丰富人力资源管理经验的 CEO 能够更好地组建高效的团队，并促进团队间的协作与沟通。CEO 的专业背景可能影响其对企业的价值观塑造。例如，技术出身的 CEO 可能更注重创新文化，而有着金融背景的 CEO 可能更注重风险管理。一位具备相关专业背景并且表现出色的 CEO 能够增强员工的信心和忠诚度，因为员工相信领导者有能力带领公司走向成功。具备特定专业背景的 CEO 可能会在投资者和客户中树立起可信的形象，特别是在面临危机或重大决策时。某些领域的专业职称，如医学博士、工程博士等，可以让 CEO 在特定行业获得更高的认可度，有利于拓展业务关系和吸引投资。CEO 的专业背景也会影响其对市场变化的响应速度。例如，具有多元化背景的 CEO 可能更擅长处理复杂的市场环境，并能够快速调整战略方向。CEO 的专业背景可能影响到公司内部的人才发展策略。例如，一位具有教育背景的 CEO 可能会更重视员工培训和发展计划。在某些行业中，具有科研或技术背景的 CEO 可能会更注重创新，推动公司不断推出新产品或服务，以保持竞争力。总之，CEO 的专业职称和背景对其领导风格、公司战略、企业文化等方面都有深远的影响。

表 4-4 列出了本书第一个样本区间即 2009 年 6 月至 2014 年 2 月 CEO 专业职称特征在不同定价调整幅度中的分布，可以发现拥有专业职称的 CEO 更倾向于将发行价格向上调整并在初始价格的基础上向上调整一倍以上。表 4-5 列出了本书第二个样本区间即 2014 年 6 月到 2017 年 4 月 CEO 专业职称特征在不同短期收益率中的分布，可以看出拥有专业职称的 CEO 对应的新股短期收益率主要在 100% ~300%。

表 4-4 2009 年 6 月—2014 年 2 月 CEO 专业职称特征在不同定价调整幅度中的分布

定价调整幅度（%）	有专业职称	无专业职称
<0	6	9
0~100	109	61
100~200	105	60
200~300	49	21
300~400	10	7
400~500	1	3
500~600	0	2
>600	1	0
总计	281	163

表 4-5 2014 年 6 月—2017 年 4 月 CEO 专业职称特征在不同短期收益率中的分布

R1（%）	Exp	Non-Exp	R2（%）	Exp	Non-Exp	R3（%）	Exp	Non-Exp
<100	7	31	<100	8	34	<100	11	40
100~200	15	32	100~200	15	25	100~200	11	24
200~300	14	8	200~300	13	10	200~300	10	5
300~400	5	1	300~400	7	3	300~400	9	2
400~500	1	0	400~500	1	0	400~500	3	1
>500	4	2	>500	2	2	>500	2	2
总计	46	74	总计	46	74	总计	46	74

注：$R1$、$R2$ 和 $R3$ 分别为 1 个月、2 个月和 3 个月收益率，Exp 表示具有专业职称的 CEO 数量，Non-Exp 表示没有专业职称的 CEO 数量。

四、CEO 的教育水平

CEO 的受教育水平可以传递丰富的信息。受教育水平不仅能代表 CEO 曾经所接受的教育和所掌握的知识技能，还可以反映出 CEO 的个人价值观。个人的受教育水平参差不齐，不是个人所能决定或改变的，但是普遍来说接受过九年义务教育、高中教育或者大学以上教育的个体之间在对事物的认知和理解能力上存在明显的差异。CEO 的教育水平能够反映出他们拥有的知识技能和思维能力。有研究表明 CEO 的教育背景会对公司的业绩、运营管理以及战略发展产生显著的影响，另外拥有更高教育水平的 CEO 在金融知识储备上更有优势，在新股发行过程中有更多自己的判断，能与承销商进行定价磋商[130]。

教育水平越高的 CEO 越能够推进公司的创新与变革。很多文献的研究结论都揭示了 CEO 的受教育水平和公司创新性之间存在显著正相关关系[131-132]，这是由于当 CEO 的受教育水平越高，他们对问题的认知能力也越强[133-134]，接触创新性的想法可能性更高，对创新性的接受意愿更强烈。实证研究表明具有创新性的公司一般拥有教育水平较高的高层管理者[135]。然而也有研究表明 CEO 的受教育水平和公司的研发投入水平并没有显著的联系[136]。Barker 和 Mueller（2002）则发现达到本科教育水平之后的受教育程度和公司的研发投入水平没有了显著的联系，而本科以上的教育水平相比于高中及以下的教育水平来说对应着更高的研发投入水平[137]。但是普遍来说，大众认为教育水平越高的 CEO，具备更广阔的战略视野，更能够接受较高的创新性，并且更加关注研发投入水平，必要的时候更易于推动公司组织变革，有利于企业的战略发展。

另外，教育水平越高的高层管理者越能够用创造性的方法来解决公司运营发展面临的难题[138]。因为当 CEO 教育水平越高，他们越容易接触并关注到技术、组织以及金融等方面的创新性应用，并借助这些手段来化解公司面临的困境，包括使用股权性融资手段，例如 IPO 来为公司募集资金等。不过也有学者发现，教育水平越高的高层管理者越可能会对企业的发展产生负面影响，原因是高层管理者过于关注研发创新而花费大量的人力物力去研究充满不确定性的项目或领域，他们还认为由于公司的风险由投资者共同承担，教育水平较高的 CEO 越可能会为了一己私欲而大力推进具有高风险的项目[139]。

教育水平的高低也会影响员工士气、公众对公司的看法以及投资者信心等。在公众认知与信任度方面，拥有高学历的 CEO 往往能够为公司树立专业、可靠的形象。例如，一个拥有知名商学院 MBA 学位的 CEO 可能会被视为具备扎实的商业知识和管理技能，从而增强公众对公司的信任；但有时高学历的 CEO 可能会给公众留下精英主义的印象，尤其是当公司面临社会责任问题时，可能会被批评为脱离实际或不接地气。来自顶尖大学的 CEO 可能会因其教育背景而受到社会的认可，这种认可可以转化为对公司品牌的正面评价；但如果 CEO 的学历背景存在争议（如学历造假），可能会损害公司的信誉和形象。某些领域的专业学位，如医学博士或工程博士学位，可以使 CEO 成为该行业的专家，增强其在行业内的权威性。投资者通常更倾向于信任拥有良好教育背景的 CEO，因为他们相信这样的人能够做出明智的投资决策，从而增加股东价值。高学历的 CEO 通常能够提供清晰的长期发展战略，这有助于稳定股价并吸引长期投资者。如果公司的经营状况不佳，即使 CEO 拥有高学历，也可能无法立即改变投资者的看法，甚至会导致投资者质疑其实际管理能力。高学历的 CEO 可以作为员工学习的榜样，激励员工不断提升自身素质。CEO 的教育背景可能会影响公司的人才培养策略，推动内部教育和培训项目的开展。如果 CEO 的学历与普通员工差距过大，可能会导致部分员工感到不平等，甚至影响团队的凝聚力。拥有高学历的 CEO 可能更加注重企业的社会责任，利用自己的影响力推动公司在环保、公益等方面的贡献。在媒体面前，教育水平较高的 CEO 通常能更好地代表公司，用专业知识解答公众关心的问题，提升公众对公司的好感度。总体而言，CEO 的教育水平对公司形象有着重要影响，尤其是在塑造公众认知、增强投资者信心、提升员工士气等方面。

CEO 的教育水平越高，说明其在高等教育阶段接受了越良好的正规教育，这种经历使他们拥有更优质的师生校友关系，从而能够获取公司发展所需要的信息。CEO 获得充分的相关信息之后，可以结合自己的认知模式和学习能力全面地分析公司的相关问题，为公司发展做出合理的决策[140]。本书将 CEO 的教育水平划分为两类——高中及以下和本科及以上。

表 4-6 列出了本书第一个样本区间，即 2009 年 6 月至 2014 年 2 月 CEO 教育水平特征在不同定价调整幅度中的分布，可以发现拥有本科及以上的 CEO 更倾向于将发行价格向上调整并在初始价格的基础上向上调整一倍以上。表 4-7 列出了本书第二个样本区间，即 2014 年 6 月到 2017 年 4 月 CEO 教育水平特征在不同短期收益率中的分布，可以看出拥有大学及以上的 CEO 对应的新股短期收益率主要在 100%~300%。

表 4-6 2009 年 6 月—2014 年 2 月 CEO 教育水平特征在不同定价调整幅度中的分布

定价调整幅度（%）	本科及以上	高中及以下
<0	10	5
0~100	98	72
100~200	121	44

续表

定价调整幅度（%）	本科及以上	高中及以下
200～300	51	19
300～400	13	4
400～500	4	0
500～600	2	0
>600	1	0
总计	300	144

表4-7 2014年6月—2017年4月CEO教育水平特征在不同短期收益率中的分布

$R1$（%）	Edu1	Edu2	$R2$（%）	Edu1	Edu2	$R3$（%）	Edu1	Edu2
<100	15	23	<100	12	30	<100	18	33
100～200	22	25	100～200	27	13	100～200	20	15
200～300	18	4	200～300	13	10	200～300	11	4
300～400	5	1	300～400	9	1	300～400	9	2
400～500	0	1	400～500	1	0	400～500	4	0
>500	6	0	>500	4	0	>500	4	0
总计	66	54	总计	66	54	总计	66	54

注：$R1$、$R2$和$R3$分别为1个月、2个月和3个月收益率，Edu1代表具有本科及以上教育水平的CEO数量，Edu2表示具有高中及以下教育水平的CEO数量。

五、CEO的其他特征

（一）CEO的社会关系网络

社会关系网络是指同一个社会组织（学校、公司、专业协会等组织）中人们相互之间形成的关系网络[141]。在我国社会文化背景下，CEO的社会关系网络可以为公司的经营管理带来巨大的利益。CEO的社会关系网络是构成其特征的主要内容之一，CEO通过社会关系网络能够获取并积累有形和无形的资源[142]。

社交网络是与工会和专业协会的联系。经验证据表明，社交网络可以消除CEO们所感知的外部资源模糊性和不确定性[143]，使CEO能够在更有利的条件下获得有价值的资源。因此，首席执行官可以获得能提高公司价值的资源，然后提高发行价格。与此同时，首席执行官们能够获得对 IPO 定价至关重要的相关信息和机会[144-145]，例如行业经验和市场反应。此外，社会关系还可以帮助首席执行官向承销商和投资者发出信号，以提高首席执行官的声望[146]，这可以增强讨价还价游戏中的说服力，最终提高首次公开募股的价格。

  CEO 的社会关系网络对公司的影响包含很多方面。从商业合作与拓展方面来看，CEO 拥有广泛的社会关系，可以帮助公司更容易地找到合适的合作伙伴，拓展业务范围。通过 CEO 的人脉关系，公司可以更快地进入新市场或获取新的客户资源。如果 CEO 过于依赖个人关系网，可能会导致公司在商业决策中出现利益冲突，影响决策的公正性和透明度。在资源获取与融资方面，CEO 的社会关系网络可以为公司提供额外的融资渠道，尤其是在初创阶段或需要扩张时。CEO 的人脉可以帮助公司引进关键资源，如人才、技术和市场信息等。如果公司过度依赖 CEO 的个人关系来获取资源，可能会在 CEO 离职或关系网络发生变化时面临资源断链的风险。在政策影响与政府关系方面，拥有良好政府关系的 CEO 可以更好地了解政策动态，争取政策支持，为公司创造有利的外部环境。通过与政府部门的良好沟通，CEO 可以帮助公司更好地遵守法律法规，避免合规风险。在品牌形象与公关方面，CEO 的社会关系网络可以帮助公司建立良好的公共形象，提高品牌知名度。在危急时刻，CEO 的人脉关系可以作为重要的公关资源，帮助公司更好地应对媒体和公众的关注。如果 CEO 的社会关系网络被公众视为负面因素，如过于封闭或有利益输送嫌疑，可能会损害公司的公众形象。CEO 的人脉关系可以帮助公司吸引行业内顶尖人才，增强团队实力。通过个人关系，CEO 可以更好地融入团队，促进团队成员之间的沟通与合作。如果公司过于依赖 CEO 的个人关系来吸引和留住人才，可能会导致团队缺乏独立性和自我发展的动力。在创新与战略决策方面，CEO 的社会关系网络可以帮助公司获取前沿的信息和技术，推动产品和服务的创新。通过与行业内外的重要人物建立合作关系，CEO 可以为公司创造更多的战略机遇。如果 CEO 过度依赖个人关系做决策，可能会导致决策偏向于某些特定的合作方，影响决策的客观性和全面性。CEO 的社会关系网络对公司的影响是双刃剑，既有积极的一面，也有潜在的风险。适度的社会关系可以帮助公司获取资源、拓展市场、应对危机，并促进创新；然而，过度依赖个人关系可能会引发利益冲突、道德风险以及团队依赖等问题。

本书采用 CEO 曾经或者现在在行业协会任职的经历作为衡量 CEO 社会关系的指标，样本中的主要词条包括：学会、会长、促进会、分会、工作组、协会、委员会、联盟、商会、联合会、商联等。

(二) CEO 兼任董事长

CEO 兼任董事长是指 CEO 同时担任董事长职务，这样的 CEO 具有更大的权利。有学者认为 CEO 同时担任董事长职务有积极的影响也有消极影响[147]。正面的影响在于同时担任两个职务的 CEO 拥有更大的决策权力，并且可以减轻 CEO 和董事会之间的摩擦；而认为会产生负面影响的原因在于，董事会无法成为独立的监管组织，并且向外界传递公司决策和控制权不明晰的信息。对于公司的 IPO 来说，同时兼任董事长的 CEO 可以做出更加权威的决策，调解管理层内部的矛盾以及其与承销商、机构投资者之间的矛盾。

CEO 兼任董事长对公司的影响可以从多个角度来看待，这种安排既有优点，也有潜在的风险。这种方式的优点是，当 CEO 兼任董事长时，公司内部的决策过程可能会更加高效，因为不需要在 CEO 和董事长之间进行沟通和协商。这有助于加快决策速度，尤其是在紧急情况下。这种安排有助于确保公司的战略和日常运营之间的一致性，因为同一个人负责制定战略并监督其实现。在单一领导人的领导下，内部沟通可能会更加顺畅，减少了层级之间的信息传递延误或误解。当 CEO 兼任董事长时，对于公司的问题和成绩的责任归属更加明确，减少了责任推诿的可能性。这种方式的潜在风险包括，过度集中的权力可能导致决策过程缺乏足够的监督和制衡，增加决策失误的风险。此外，如果 CEO 兼董事长滥用职权，可能会损害股东和其他利益相关者的权益。在某些情况下，CEO 兼董事长的角色可能会导致利益冲突，特别是在涉及高管薪酬、重大投资决策等方面，CEO兼董事长可能会更倾向于保护自己的利益而不是股东的利益。同时担任两个职务可能会使CEO的工作负担过重，分散其精力，从而影响其对公司日常运营的管理。如果董事长由CEO兼任，则可能会影响董事会的独立性和有效性，因为董事会的主要职责之一是对管理层进行监督，而此时监督对象正是董事会的主席。CEO兼任董事长对公司的影响因具体情况而异。这种安排既可以提高决策效率，也有助于保持战略的一致性，但也可能带来权力过度集中和利益冲突等问题。

（三）CEO的工资水平

工资水平高于最高管理团队其他高管的CEO往往被视为更重要的人，并在管理团队中具有更高的地位[148]。CEO将更高的工资水平视为劳动和魅力的价值，同时更高的工资水平也会让他们被同僚视为负责决策的人，他们的同僚会选择按照他们的指令行事。因此，这些CEO会比那些工资水平相对较低的人更有信心，而且往往在IPO的定价过程中更激进[149]。

CEO的工资水平对公司的影响是多方面的。从员工士气与内部公平性来说，合理的薪酬可以作为激励工具，鼓励CEO为公司创造更高的价值。如果CEO的薪酬与公司的业绩挂钩，可以激发其积极性。过高的CEO薪酬可能会导致普通员工感到不公平，特别是在公司面临困难时期，CEO的高额薪酬可能会引发员工不满，影响士气。从公司财务状况来看，适度的薪酬水平可以帮助公司节省成本，尤其是在财务紧张时期，合理的薪酬开支可以帮助公司渡过难关。过高的CEO薪酬可能会占用公司大量资源，影响其他重要领域的投入，如研发、市场营销等。投资者关系与市场信心方面，适当的薪酬水平可以显示公司对CEO的信任和支持，有助于增强投资者的信心。如果CEO的薪酬过高而公司业绩不佳，可能会引起公众和媒体的批评，影响公司形象和市场信心。治理结构与透明度方面，公开透明的薪酬制度可以提高公司治理的透明度，增强股东的信任。如果薪酬制度不够透明或不合理，可能会导致利益冲突，影响公司治理的有效性。在战略决策与公司治理方面，与公司长期绩效挂钩的薪酬方案可以促使CEO关注公司的长远发展。如果薪酬过于依赖短期业绩指标，可能会促使 CEO 采取短期行为，忽视公司的长期发展。具有竞争力的薪酬水平可以帮助公司吸引和留住优秀人才。合理的薪酬制度可以体现公司的社会责任感，改善公众形象。CEO 的薪酬水平是一个复杂的议题，它不仅关系到公司的财务状况和治理结构，还影响员工士气、市场信心和社会形象等多个方面。

本书以 CEO 在 IPO 前一年薪酬占年薪前三名高级管理人员总薪水的比例作为 CEO 的工资水平。表 4-8 列出了两个阶段样本区间内不同工资水平范围中的 CEO 数量，可以看出在前三名高管中 CEO 工资占比为 30% 到 50% 的人数最多，即较多的 CEO 工资水平与其他高管水平相当或者略高。工资水平达到 50% 以上的分别有 49 人和 16 人，占总人数的 11% 和 13%。

表 4-8 两个阶段不同工资水平范围中的 CEO 数量

工资水平（%）	2009 年 6 月—2014 年 2 月		2014 年 6 月—2017 年 4 月	
	CEO 数量	占比（%）	CEO 数量	占比（%）
0~10	1	0.23	0	0.00
10~20	4	0.90	3	2.50
20~30	34	7.66	5	4.17
30~40	215	48.42	58	48.33
40~50	141	31.76	38	31.67
50~60	33	7.43	13	10.83
60~70	10	2.25	2	1.67
70~80	4	0.90	1	0.83
80~90	2	0.45	0	0.00
总计	444	100.00	120	100.00

（四）CEO 的年龄

CEO 年龄与 CEO 的风险偏好有着显著的相关性。研究表明，随着 CEO 的年龄慢慢增长，CEO 就不再追求高风险的目标而是逐渐向稳定的发展目标靠近，此时的 CEO 更加侧重于规避风险，拒绝风险较大的决策，即使这种决策对公司的战略发展具有重要推进作用[150]。也就是说，相比于年轻的 CEO 来说，年龄较大的 CEO 可能会有更强烈的风险厌恶倾向[151]，偏好那些较为稳定的公司战略发展规划[152-155]。

年龄较大的 CEO 更倾向于追求稳定的发展战略而非风险较高的战略，这种情况的产生可能源于三个方面。第一，年龄较大的 CEO 相比于较年轻的 CEO 来说缺乏足够的精力与体力来完成风险较大的目标。年龄较大的 CEO 的体力、精力都面临着日益衰弱的问题，在面临较严峻的形势或者需要进行组织变革时，无法快速接纳和吸收新的知识技能和新的思想[156]。因此，当 CEO 年龄日益增长，他们在归纳、整理和利用信息方面逐渐感到吃力，在面临需要进行快速决策的复杂环境和问题时，无法迅速给予合理的决策，只能在整合之前的经验的基础上做出相应的决策，因此无法适应创新性的组织管理和变革。第二，由于年长 CEO 拥有较为丰富的工作经验，因此他们对过去已经达成的成就以及公司目前的运营管理模式都具有较高的满意程度，满足于现状[157-158]。因此，他们缺乏对于新型的管理模式和创新性的研究的追求，希望通过过去已经拥有的管理能力和知识技能来维持现状，忽视了周围存在的可能具有突破口的创新性项目或者战略变革。第三，由于年龄较大的 CEO 更加关注在任时公司运营的平稳性和希望自己能够顺利安全地退出管理岗位，此时其他的具有风险性的行为不被允许发生。CEO 只有在最后的职业生涯时期顺利安全地退出管理岗位，才能继续享受之前打拼累积起来的人脉、地位和声誉，他们会尽力不做出高风险的决策[159]。相关研究支撑了前述论点，研究显示由于研发投入本身充满了不确定性并且伴随着高风险，年龄较大的 CEO 确实不太关注研发投入，并且随着 CEO 年龄的增大，其公司研发投入水平也会下降[160]。

为了考察 CEO 的相关风险偏好程度，CEO 的年龄往往被选为替代变量用以衡量其风险偏好。年龄会影响 CEO 的风险偏好程度，年龄越大的 CEO 越倾向于风险规避，并且更难以接纳新的观点和学习新的行为[161]。随着年龄的增长，CEO 看待问题的视角也会发生变化[162]。首次公开发行作为重要的股权融资方式具有一定的复杂性，年龄较大的 CEO 处理 IPO 相关问题的时候就会比年轻 CEO 更加保守，同时年龄较大的 CEO 接收并掌握这种股权融资方式可能会花费更多的时间。在处理 IPO 相关决策的过程中，年龄较小的 CEO 可能会因为追求更多募集资金而采取激进的行为，而年龄较大的 CEO 则可能采取平稳保守的战略，考虑问题会更加全面以帮助公司更稳定地度过发行期。而且 IPO 只需要平稳推进就可以获得充足的募集资金和丰厚的股权回报，因此年龄较大的 CEO 会采取更加稳妥的决策。而年轻的 CEO 由于处于事业拼搏时期，为了公司的利益最大化，有可能追求较高的发行价格以期望募集更多的资金，因此可能会采取更加激进的决策。

相较于持有保守态度的、年龄较大的 CEO，年龄小的 CEO 更偏好向公司内部和外部相关人员传递 IPO 企业的创新性研究和变革战略等信号，通过这种方式获得监管机构、承销商以及投资者对公司的认可，从而为公司赢得一个较高的估值。年龄较小的 CEO 更愿意追求事业的突破，他们愿意采纳创新性的想法、加大研发投入并在适当的时候推行组织变革，向组织内外部人员展示自己的能力和公司的实力，在新股发行定价过程中为公司争取到更高的估值，而年龄较大的 CEO 可能会在定价策略上采取保守态度。由此可见，CEO 的年龄可能与 IPO 的估值成反比。

表 4-9 列出了两个阶段样本区间内不同年龄范围中的 CEO 数量，可以看出在 2009 年 6 月到 2014 年 2 月 CEO 的年龄主要集中在 40~49 岁，占总人数的比例为 55.86%，而 2014 年 6 月到 2017 年 4 月 CEO 的年龄主要集中在 45~54 岁，占总人数的比例为 57.50%。

表 4-9 两个阶段不同年龄范围中的 CEO 数量

年龄（岁）	2009 年 6 月—2014 年 2 月		2014 年 6 月—2017 年 4 月	
	CEO 数量	占比（%）	CEO 数量	占比（%）
<30	6	1.35	0	0.00
30~34	10	2.25	1	0.83
35~39	44	9.91	7	5.83
40~44	99	22.30	18	15.00
45~49	149	33.56	31	25.83
50~54	76	17.12	38	31.67
55~59	45	10.14	17	14.17
60~64	5	1.13	7	5.83

续表

年龄（岁）	2009年6月—2014年2月		2014年6月—2017年4月	
	CEO数量	占比（%）	CEO数量	占比（%）
65~69	7	1.58	1	0.83
>70	3	0.68	0	0.00
总计	444	100.00	120	100.00

（五）CEO的持股比例

CEO的持股比例对公司的影响包括公司治理、战略决策、员工激励、市场信心等方面。公司治理方面，CEO持股可以促使CEO的利益与股东利益保持一致，从而激励其为公司的长期发展做出努力；拥有一定比例股权的CEO可能在决策过程中更加独立，不受短期市场波动的影响，更注重公司的长期战略。但如果CEO持股比例过高，可能会导致权力过于集中，影响董事会的独立性和决策的公正性；过高的持股比例可能导致CEO过分关注个人收益，而忽略其他股东的利益。战略决策方面，持股CEO更有可能关注公司的长期发展，制定有利于公司长期利益的战略。持股CEO可能更倾向于实施连贯的战略，避免频繁的策略调整。持股CEO可能因担心股价下跌而采取过于保守的决策，影响公司的创新和发展。员工激励与文化建设方面，持股CEO可以作为员工的榜样，激励员工更加努力工作，争取更好的绩效，有助于塑造积极向上的企业文化，鼓励员工参与公司的长期发展。但如果CEO持股比例过高而普通员工持股较少，可能会造成内部不公平感，影响员工士气。市场信心与投资者关系方面，CEO持股可以向市场传达积极信号，增强投资者对公司的信心，有助于塑造公司良好的公关形象，提高公司的市场声誉。如果CEO持股比例过高而公司业绩不佳，可能会引发公众和媒体的批评，影响公司的市场形象。在融资与资本结构方面，CEO持股可能有助于公司在资本市场中获得更好的融资条件，因为投资者可能认为CEO持股的公司更加稳健，研究显示，CEO持股与企业创新之间存在倒U形关系，适度的持股比例可以促进企业创新，而债务融资在这种关系中起到了调节作用。如果CEO持股比例过高，可能会导致公司面临较大的财务压力,特别是在市场低迷时。

CEO 的持股比例对公司的影响是多方面的,既有可能带来积极的影响,也可能存在潜在的风险。适度的持股比例可以帮助实现 CEO 与股东利益的一致性,促进公司的长期发展;然而,过高的持股比例则可能引发权力集中和利益冲突等问题。

根据国泰安数据库里"人物特征系列"中"上市公司人物特征"的"年末持股数"得到 CEO 的持股比例,由于数据库构建时采用的数据是招股说明书申报稿第八节"董事、监事、高级管理人员及其他核心人员及其近亲属持有公司股份的情况"的内容中收集的高管持股比例,这种情况会遗漏 CEO 通过股东中的机构来间接持有股份的情况。因此,本书通过手工收集方式继续对机构股东做穿透核查 CEO 的间接持股数量,结合招股说明书申报稿第五节的"发行人股权结构及内部组织结构"以及"发行人主要股东及实际控制人情况"可以计算出 CEO 间接持股的比例,并得到 CEO 的实际持股比例。

表 4-10 列出了两个阶段样本不同持股比例范围中的 CEO 数量,"窗口指导"取消阶段 CEO 不持有股份的比例为 11.04%,"窗口指导"重启阶段 CEO 不持有股份的比例为 6.67%;两个阶段 CEO 数量最多的区间所对应的持股比例范围在 10% 以内,占总人数的比例分别为 35.81% 和 33.33%。

表 4-10 两个阶段不同持股比例范围中的 CEO 数量

持股比例(%)	2009 年 6 月—2014 年 2 月		2014 年 6 月—2017 年 4 月	
	CEO 数量	占比(%)	CEO 数量	占比(%)
0	49	11.04	8	6.67
0~10	159	35.81	40	33.33
10~20	63	14.19	18	15.00
20~30	37	8.33	7	5.83
30~40	35	7.88	13	10.83
40~50	32	7.21	14	11.67

续表

持股比例（%）	2009年6月—2014年2月		2014年6月—2017年4月	
	CEO数量	占比（%）	CEO数量	占比（%）
50~60	26	5.86	6	5.00
60~70	18	4.05	9	7.50
70~80	19	4.28	1	0.83
80~90	6	1.35	4	3.33
总计	444	100.00	120	100.00

（六）CEO的媒体曝光量

从行为金融学的角度来看，媒体对于拟发行股票公司的关注必然会影响新股的价格制定和新股上市后的价格表现。新股发行定价的过程不仅仅是各个参与主体对新股价格发现的过程，更是在信息不对称情况下各方进行博弈的结果，这种信息不对称的情况就导致了公司相关的所有信息均值得挖掘解读。研究表明，累计投标询价制度是发现股票真实价值的定价机制，因为它能够充分地发掘发行人、承销商和投资者所拥有的信息，从而促使公司的真实价值得以浮现。因此信息的挖掘对于新股定价来说是至关重要的环节，而媒体曝光量就是能够揭示拟发行公司真正价值的重要信息来源渠道[163]。

很多学者就媒体关注度和IPO抑价之间的关系展开了研究。有研究认为媒体关注度越高的公司，投资者越容易被其影响情绪从而使得IPO抑价严重[164-166]。但是也有相反结论的研究显示公司的媒体关注度越高时，新股上市之后的抑价水平反而越低[167]。另外，有学者从媒体报道的乐观或积极态度方面进行研究，发现媒体的报道越乐观，新股发行上市后产生的抑价程度越大[168]。本书研究CEO的媒体曝光量对IPO定价调整及短期表现的影响，主要聚焦于CEO而不是公司的媒体曝光量。CEO的媒体曝光量可以成为投资者判断公司价值的信息来源。媒体曝光使CEO在想要设定更高的定价调整幅度时更加谨慎，因为CEO面临着更多的舆论压力和群众监督，因此可以预期，媒体曝光率越高，CEO就越谨慎。

本书将CEO的媒体曝光量定义为CEO在IPO前一年的时间里在媒体

上的曝光量。选择 IPO 前一年内的 CEO 媒体曝光量所依据的原理是心理学领域的近因效应，近因效应认为最新出现的刺激物是印象形成的最关键因素，也就是说给读者留下更深刻印象的新闻是最近一段时间内发布的新闻而不是较早之前发布的新闻[169-171]。因此投资者会更关注 IPO 发行前一年的 CEO 相关新闻而忽略甚至遗忘更早期的新闻，投资者受到这一年内新闻最直接的影响。另外，IPO 发行一年之前的新闻信息也已经被纳入招股说明书中，招股说明书作为发行人在证监会预披露系统中正式发布的文件具有法律效力，其中包含的 CEO 相关内容可以向投资者传递可靠的信息。

对 CEO 的媒体曝光量的测度主要是应用百度搜索引擎的高级搜索功能，由于单次搜索花费时间较长，因此采用 Python 语言编程获取数据。为了保证搜索得到的媒体消息报道的是公司的 CEO 而不是相同姓名的其他人，在搜索时设置的关键词是"公司名称"加上"CEO 姓名"，然后在搜索工具中根据公司 IPO 时间自定义时间范围，即从新股发行一年前到新股发行当天，最后用 Python 编程同时设定每次搜索的时间间隔为 20 秒以防止被搜索引擎认定为机器而阻止数据获取。在使用 Python 抓取全部数据之后，再使用随机抽查的方式对数据进行进一步核对。

表 4-11 列出了两个阶段不同媒体曝光量范围内的 CEO 的数量，可以看到在"窗口指导"取消阶段，CEO 的媒体曝光量主要集中在 20~39 条，占总人数的比例为 44.14%，"窗口指导"重启阶段，CEO 的曝光量主要集中在 60~79 条，占总人数的比例为 23.33%。超过 200 条媒体曝光量的 CEO 分别有 25 个和 36 个，占总人数的比例分别为 5.63% 和 30.00%，这些曝光量较高的 CEO 有可能是广为人知的明星 CEO 或者发行人有意识地提高 CEO 的曝光量。

表 4-11 两个阶段不同媒体曝光量范围中的 CEO 数量

媒体曝光量（条）	2009年6月—2014年2月		2014年6月—2017年4月	
	CEO 数量	占比（%）	CEO 数量	占比（%）
<20	71	15.99	1	0.83
20~39	196	44.14	9	7.50

续表

媒体曝光量（条）	2009年6月—2014年2月		2014年6月—2017年4月	
	CEO数量	占比（%）	CEO数量	占比（%）
40～59	99	22.30	14	11.67
60～79	31	6.98	28	23.33
80～99	19	4.28	17	14.17
100～119	0	0.00	2	1.67
120～139	1	0.23	2	1.67
140～159	0	0.00	4	3.33
160～179	1	0.23	3	2.50
180～200	1	0.23	4	3.33
>200	25	5.63	36	30.00
总计	444	100.00	120	100.00

第二节 IPO定价调整及短期表现的测度及现状分析

一、IPO定价调整及短期表现的测度

参照国外对价格调整的定义，结合我国IPO过程的特点，可以定义中国IPO定价调整为从第一版招股说明书申报稿中的初始价格到发行价格的调整幅度[①]。另外，我国招股说明书申报稿中没有直接标明初始价格，但由于发行股数能够确定，那么初始价格就能够在拟募集资金总额中体现，定价调整幅度可表示为：

$$P_i = M/N \quad (4-1)$$

$$PR = (P_0 - P_i)/P_i \quad (4-2)$$

---

① 强调"第一版"招股说明书申报稿是因为新股发行暂停形成的IPO堰塞湖，排队企业需要多次更新申报稿，所以一个公司可能发布了多份招股说明书申报稿，而首次招股说明书申报稿中的初始价格代表了发行人CEO的初始定价意愿。

其中，M 和 N 分别是第一版招股说明书申报稿中的拟募集资金和拟发行股份数，两者相除即得到发行人和承销商协商确定的初始价格 P_i，是发行人和承销商对公司进行微观层面的价值判断之后提出的初始的发行价格。P_0 是通过网下询价、上网定价的发行方式确定的首日实际发行价格，代表了供给方和需求方两个方面的信息。

定价调整幅度 PR 大于零的时候表示 IPO 的发行价格大于招股说明书中的初始价格，定价调整幅度 PR 小于零的时候表示 IPO 的发行价格小于招股说明书中的初始价格。由于 2009 年到 2014 年证监会取消了"窗口指导"政策，新股发行定价彻底市场化，在没有发行市盈率约束的情况下，大多数新股的定价调整幅度都大于零，说明发行人将更多价值信息纳入到了新股的发行价格中，或者说投资者对于新股的需求太旺盛推高了发行价格。2014 年重启"窗口指导"政策之后，最初一段时间里，部分新股的发行市盈率超过了行政约束范围，因此出现了大量定价调整幅度小于零的情况，这种行政干预扭曲了市场的价格发现机制。

本书对新股首日收益率的定义如下：

$$IR = P_1/P_0 - 1 \tag{4-3}$$

其中，P_0 为新股发行价格，P_1 为新股首日收盘价，IR 即为首日收益率。

本书研究的短期收益率为买入持有至到期收益率，主要研究了 1 个月、2 个月、3 个月短期收益率，1 个月收益率即从上市首日买入持有到 1 个月末卖出的收益率，1 个月、2 个月、3 个月分别包括了 21、42 以及 63 个交易日。短期收益率的计算如下：

$$Rn = Pn/P_1 - 1 \tag{4-4}$$

其中，P_1 是首日收盘价，P_n 是第 21、42 以及 63 个交易日的收盘价，R_n 即为 1 个月收益率、2 个月收益率和 3 个月收益率。

二、两阶段"窗口指导"政策下 IPO 市盈率的变化

证监会在 2009 年 6 月取消了其"窗口指导"政策，即取消了之前对 IPO 发行市盈率要低于 30 倍的限制。图 4-1 描绘了 2009 年 6 月到 2017 年

4月在中小板发行的IPO的月度平均市盈率。这个阶段的IPO月度平均市盈率非常高,很多都超过了30倍,其中最高的月度平均市盈率达到65.35倍。发行人和CEO在没有政策约束的情况下在发行价格的制定过程中拥有更大的自由裁量权。因此,CEO更容易在定价过程中抬高发行价格以期为发行人募集更多的资金。

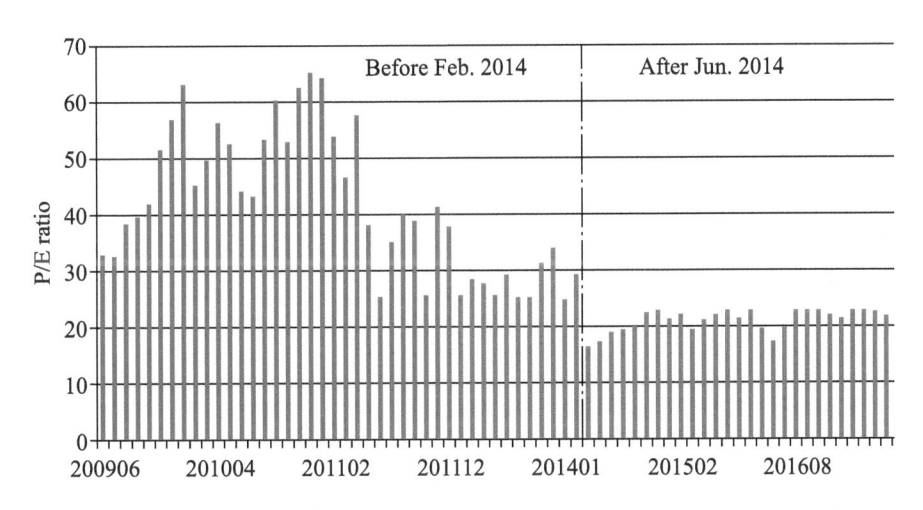

图4-1 2009年6月—2017年4月在中小板发行的IPO的月度平均市盈率

三、两阶段"窗口指导"政策下IPO定价调整幅度的变化

图4-2描绘了2009年6月—2017年4月在中小板发行的IPO的月度平均定价调整幅度。第一个样本期间的月度平均定价调整幅度普遍很高,最高的达到225%,也就是说发行价格是招股说明书中初始价格的两倍以上,表明CEO们对提高发行价格具有非常强烈的倾向。2014年6月,中国证监会重新启动了限制IPO发行市盈率的政策,将其发行市盈率限制在23倍以内,从而限制了首席执行官提高发行价格的能力。第二个样本期间的月度平均定价调整幅度要比第一个样本期间低得多。

四、两阶段"窗口指导"政策下IPO首日收益率的变化

图4-3显示了2009年6月—2017年4月在中小板发行的IPO的月度

平均首日收益率。在第一个样本期间，首次公开招股的首日回报波动较大，其中一些超过了60%，表明市场的投机氛围浓厚。在第二个样本期间，中国证监会实施了一项额外监管，即首次公开募股的首日回报不得超过44%以抑制二级市场的投机行为，在这项规定下第一天的回报率几乎都为44%。

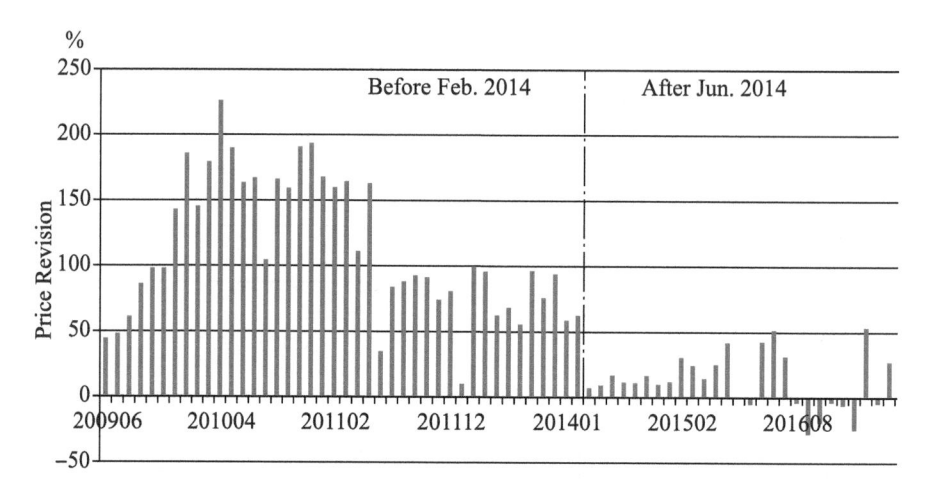

图4-2　2009年6月—2017年4月在中小板发行的IPO的月度平均定价调整幅度

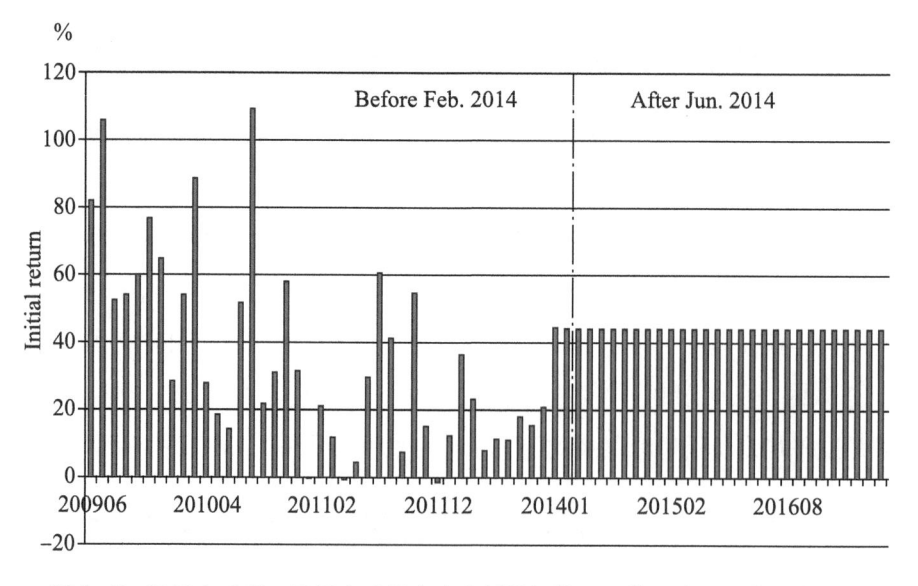

图4-3　2009年6月—2017年4月在中小板发行的IPO的月度平均首日收益率

五、两阶段"窗口指导"政策下 IPO 短期收益率的变化

图 4-4 描绘了 2009 年 6 月—2017 年 4 月在中小板发行的 IPO 的上市后 1 个月、2 个月、3 个月收益率月度均值。在第一个样本期间内,这些短期回报率在接近零甚至零以下的相对较窄的范围内波动,表明在经历了较积极的定价调整过程并得到了较高的发行价格之后,市场价格在公开交易启动后逐渐崩溃。而在第二个样本期间内,这些短期回报率非常高,表明在新的政策限制之后 IPO 市场再次出现了严重的抑价现象。由于这些规则限制了 IPO 市场,投资者只能在上市后的市场上影响股票价格。

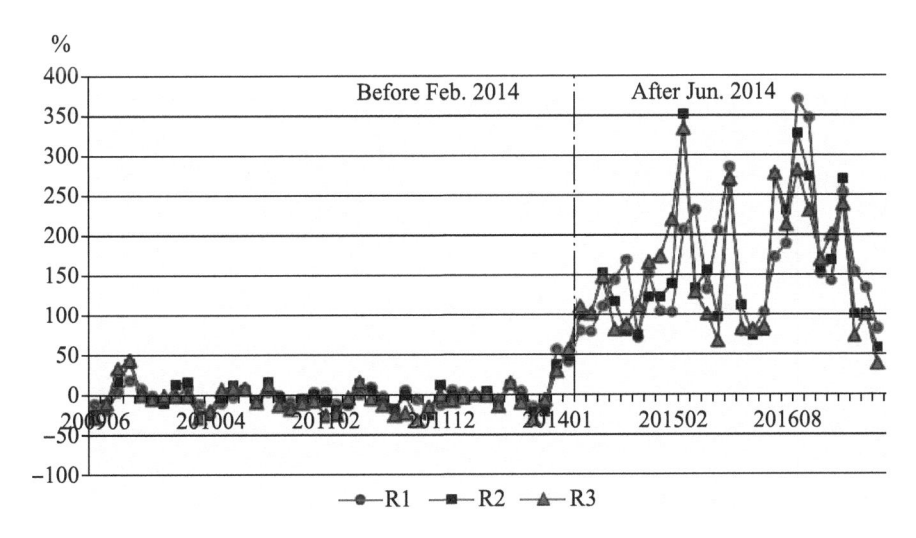

图 4-4 2009 年 6 月—2017 年 4 月在中小板发行的 IPO 的
上市后 1 个月、2 个月、3 个月收益率月度均值

第三节 本章小结

本章主要对 CEO 特征和 IPO 定价调整及短期表现进行了测度,并对两个阶段的样本数据进行了初步分析。CEO 特征主要包括了外部资源型特征里 CEO 的政府从业经历和任期长度以及个人能力型特征里 CEO 的专业职

称和教育水平。对每个特征可能对 IPO 产生的影响进行了详细的分析,并阐述 CEO 特征的具体定义以及如何在数据库中抓取特征,对抓取的数据进行了初步的归类统计。然后对 IPO 定价调整及短期表现进行了测度及分析,包括对定价调整幅度、首日收益率以及短期收益率的定义及计算公式,然后对两个阶段的定价调整幅度、首日收益率及短期收益率作折线图,分析两个阶段这些变量的趋势变化原因,为后续研究打下基础。

第五章 "窗口指导"取消阶段 CEO 特征对 IPO 定价调整及短期表现的影响

第一节 理论分析与研究假设

本书分析了 IPO 之前 CEO 特征对定价调整幅度的影响以及 IPO 之后市场对 CEO 特征的反应。在定价调整阶段，发行人、承销商以及特定投资者们会协商制定一个合适的价格[172-176]。发行人在这场博弈中的收益与发行价格直接相关，从而具有极高的动机去抬高发行价格，并且在他们具有更强的议价能力时将发行价格调整得更高。中国社会的几个特性给予了 CEO 更强的议价能力和传递信号的能力。

一、"窗口指导"取消阶段 CEO 特征对 IPO 价格调整的影响

结合第二章的理论分析和第三章的新股发行体制改革阶段的划分可以梳理出"窗口指导"取消阶段 CEO 特征影响 IPO 定价调整的理论框架。在"窗口指导"取消阶段发行人 CEO 和承销商成为利益共同体，在文化价值理论和高阶梯队理论的基础上，禀赋效应理论阐释了 CEO 倾向于提高发行价格的原因，前景理论和心理账户理论则进一步提供了 CEO 提高发行价格的理论依据。

在"窗口指导"取消阶段，发行人 CEO 和承销商成为利益共同体，同时 CEO 特征作为公司价值的相关信号传递给投资者。我国的询价定价机制并没有赋予承销商配售股票的权利，市场对新股的追捧使承销商不用过

于担忧分销股票的难度，同时承销费用是基于募集资金总额计算得到的，因此我国承销商在新股定价调整过程中和发行人 CEO 形成了利益共同体，他们的共同目标就是尽可能将发行价格向上调整。投资者在初步询价的过程中需要从各种信息入手判断发行公司的内在价值，CEO 特征为投资者提供了相关信号，有助于投资者理解公司的经营理念和了解未来发展方向，减少投资者和发行人之间关于定价的分歧。

CEO 在何种程度上以及如何影响 IPO 定价调整是首先需要解决的问题，而文化价值理论和高阶梯队理论为这两个问题提供了基础的理论依据。文化价值理论中霍夫斯泰德的国家文化维度模型分析了各国的文化价值特征，我国社会文化具有权力距离较大、集体主义盛行、追求物质成就以及对不确定性容忍度较高的特性，CEO 在这样的社会文化背景下极有可能具有较高水平的权力并追求更多的收益回报。高阶梯队理论则是 CEO 特征能够影响 IPO 过程的基础理论，即除公司的经营业绩以及市场环境会对 IPO 过程产生影响以外，行为个体例如 CEO 也会影响 IPO 过程。

在禀赋效应的影响之下，CEO 会以初始价格为基础制定更高的发行价格，以弥补即将失去部分股权带来的损失，发行价格的不确定性以及发行人和投资者的强烈交易愿望也会促使 CEO 被禀赋效应所影响。前景理论和心理账户理论认为 CEO 会将初始价格看作衡量新股发行损益的"参考点"，CEO 会将新股发行时发行价格超过"参考点"初始价格的部分看作此次发行的收益，而将新股发行定价过高在二级市场上可能产生的股价跌破发行价的部分看作此次发行的损失。发行人将会综合这两者考虑可能产生的财富的收益或损失。当首日收盘价高于发行价格时，CEO 在面临两个收益时，会对它们采取"分账"对待；当发行价格高于初始价格的收益大于首日收盘价低于发行价格的损失时，CEO 会对两个账户进行"合账"处理。因此，发行人 CEO 会尽可能地提高公司的发行价格，只要新股发行上市首日的收盘价比招股说明书申报稿中的初始价格高，CEO 就不会感觉受到损失。

第五章 "窗口指导"取消阶段 CEO 特征对 IPO 定价调整及短期表现的影响

因此,在文化价值理论、高阶梯队理论、禀赋效应理论、前景理论以及心理账户理论的理论基础上,CEO 在"窗口指导"取消阶段具有明显的提高价格的行为倾向,CEO 特征能够影响 CEO 的个体行为,因此可以合理推断各 CEO 特征如何影响新股的定价过程。

首先,在政府扮演着资源分配者的重要角色的体制机制下,拥有良好政府关系的公司会被认为拥有更大的议价权。事实上,大量研究表明 CEO 的政府从业经历在很大程度上能够影响公司的重要决策[172-177]。

在新兴市场中,CEO 的政府从业经历对 IPO 定价调整的影响还没有比较详尽的研究。中国的 IPO 市场与世界其他国家的市场差异较大,主要因为中国的 IPO 过程受到监管部门的严格审核。因此,拥有政府从业经历的 CEO 对于企业的发行上市被认为具有非常重要的价值。另外,政府在各个方面限制、管理着各类资源。公众相信曾经在政府任职过的人具有更大的影响力,因此,二级市场上的投资者也会因为 CEO 的政府从业经历给公司更高的估值。具有政府从业经历的 CEO 可能拥有更大的议价权力并且在二级市场具有信号传递效应。因此本书提出假设 5.1。

假设 5.1:"窗口指导"取消阶段具有政府从业经历的 CEO 与定价调整幅度呈正相关。

通常来说,CEO 在一家企业工作的时间越长,就有更大的能力去维护自己的声誉和构建其权力体系。CEO 任期(在公司任职的时间长度)是衡量 CEO 声誉和地位的良好指标,反映了 CEO 对公司的了解程度和 CEO 的自信度。较长的任期可能会使 CEO 对公司的掌控权更大,并且在同僚间建立更好的声誉,从而逐渐增强 CEO 的自信。在公司任职更长的时间传递出 CEO 看好公司未来发展的信号。另外,更长的任期也意味着 CEO 取得了两次以上的董事会提名及任命,说明 CEO 赢得了董事会多数人的信任和认可。在这种情况下,CEO 就拥有了更多自主性去做一些比较激进的决策,比如制定更高的发行价格等,因此也会吸引承销商帮助发行人提高新股的价格。具有更长任期的 CEO 也会向投资者传递其对公司有更多信心的信号,从而提升公司在二级市场上的价格。在取消"窗口指导"背景下,

CEO的任期越长代表他们在公司拥有的影响力越大，从而使定价调整幅度越大。因此本书提出假设5.2。

假设5.2："窗口指导"取消阶段CEO的任期与定价调整幅度呈正相关。

专业职称代表着在实践中积累的经验和专业知识体系[178]。专业职称是通过资格考试以及在一定领域取得足够的工作经验才能获取的一种认可。一个拥有专业知识的CEO能够正确地预见市场动向、解读市场信号从而比竞争者更快地做出无偏差的决策[179-181]。

中国文化比较重要的特征之一就是社会及集体组织非常尊重具有良好声望的个体。另外，专家的专业职称对其在公司内部的升迁以及加薪都具有非常大的影响。在这种高度集体化的文化背景下，个体通常被定义为组织的成员，应当遵守并履行组织的规范、角色的规范以及环境规范[182-183]。那些被认为更专业的人来管理公司，能够对他人起到更大的影响，被认为具有更高的可靠性[184]。他们通常能够更轻松地达成他们的目标。具备行业经验的CEO可以利用其技能提高公司的生产率，从而可以提高CEO与承销商协商发行价时的议价能力，最终形成较高的发行价格[185]。CEO的专业职称能够得到投资者以及承销商的重视，那么当窗口指导政策取消时，CEO的专业职称能够对定价调整起到正向的影响作用。因此，本书提出假设5.3。

假设5.3："窗口指导"取消阶段具有专业职称的CEO与定价调整幅度呈正相关。

拥有更高教育水平的CEO通常来说具有更强的学习能力、技术水平以及更高的认知程度。在中国的传统文化中，教育是被高度重视并尊重的[186]。另外，竞争激烈的高等教育入学考试也让拥有本科及以上学历的人群更受尊重。拥有大学及以上教育背景的CEO比他们的同龄人更加出众，并且具有更高的自尊和自信水平[187]，从而可以影响公司的战略规划和重大决策。Boeker（1988）的研究表明，拥有更高教育水平的管理者会更加激进，进而可能在IPO定价调整过程中表现出更强的议价能力[188]。

第五章 "窗口指导"取消阶段CEO特征对IPO定价调整及短期表现的影响

在"窗口指导"政策取消的阶段，拥有更高教育水平的CEO在和承销商协议发行价格时具有更强的议价能力。因此本书提出假设5.4。

假设5.4："窗口指导"取消阶段CEO的教育水平与定价调整幅度呈正相关。

二、"窗口指导"取消阶段CEO特征对IPO短期收益率的影响

IPO在发行上市后，二级市场会被两类因素所干扰：一是发行价格，二是公司传递出的丰富的基本信号。在"窗口指导"取消阶段，即2009年6月到2014年2月，IPO的发行价格充分反映了公司以及CEO特征等相关信息，如果因此导致发行价格定价过高，那么二级市场就不会让股票价格进一步上涨。二级市场不会对CEO特征产生反应，因此政府从业经历、专业职称、任期以及教育水平不会对二级市场收益率产生影响。

假设5.5：在"窗口指导"取消阶段，二级市场不会对CEO特征（政府从业经历、专业职称、任期和教育水平）作出强烈反应。

第二节 研究设计

一、样本选择与数据来源

本章选取2009年6月至2014年2月在中小板上市的公司作为研究样本，数据来源于国泰安数据库、万得数据库和中国证券监督管理委员会网站。数据获取过程如下。一是因变量IPO定价调整幅度来源于国泰安数据库和证监会网站首次公开发行信息披露系统中的招股说明书申报稿，IPO发行价格来源于国泰安数据库公司研究系列的首次公开发行数据库，初始价格从招股说明书申报稿中手工提取；因变量首日收益率来源于国泰安数据库公司研究系列的首次公开发行数据库；因变量短期收益率来源于万得数据库多维数据库中的行情序列；对于上述数据库中缺失或错误的数据，对照万得数据库以及招股说明书申报稿进行补充和校正。二是CEO特征数

据来源于国泰安数据库人物特征系列的上市公司人物特征数据库,对于缺失或错误的人物特征数据,对照招股说明书申报稿中的高管人员资料进行补充和校正。三是控制变量中的发行人公司相关财务数据来源于国泰安数据库公司研究系列的首次公开发行数据库,交易行情数据来源于万得数据库多维数据库中的行情序列。四是 CEO 在 IPO 前一年的媒体曝光量通过 Python 在百度搜索引擎上抓取获得。在样本的筛选过程中剔除数据缺失或异常的样本,得到 444 家公司的有效样本数据。

二、变量定义与模型构建

本书研究了 CEO 特征对 IPO 定价调整幅度和上市后的短期收益率的影响。构建回归模型如下:

$$PR_i = \alpha_0 + \beta_1 \times PoliticalCon_i + \beta_2 \times Tenure_i + \beta_3 \times Expertise_i \\ + \beta_4 \times Education_i + \beta_5 \times ControlVariables + \varepsilon_i \quad (5-1)$$

$$IR_i = \alpha_0 + \beta_1 PR_i + \beta_2 \times PoliticalCon_i + \beta_3 \times Tenure_i + \beta_4 \times Expertise_i \\ + \beta_5 \times Education_i + \beta_6 \times ControlVariables + \varepsilon_i \quad (5-2)$$

$$Rn_i = \alpha_0 + \beta_1 \times PoliticalCon_i + \beta_2 \times Tenure_i + \beta_3 \times Expertise_i \\ + \beta_4 \times Education_i + \beta_5 \times ControlVariables + \varepsilon_i \quad (5-3)$$

$$Rn_i = \alpha_0 + \beta_1 PR_i + \beta_2 \times PoliticalCon_i + \beta_3 \times Tenure_i + \beta_4 \times Expertise_i \\ + \beta_5 \times Education_i + \beta_6 \times ControlVariables + \varepsilon_i \quad (5-4)$$

$$Rn_i = \alpha_0 + \beta_1 IR_i + \beta_2 \times PoliticalCon_i + \beta_3 \times Tenure_i + \beta_4 \times Expertise_i \\ + \beta_5 \times Education_i + \beta_6 \times ControlVariables + \varepsilon_i \quad (5-5)$$

$$Rn_i = \alpha_0 + \beta_1 PR_i + \beta_2 IR_i + \beta_3 \times PoliticalCon_i + \beta_4 \times Tenure_i + \beta_5 \times Expertise_i \\ + \beta_6 \times Education_i + \beta_7 \times ControlVariables + \varepsilon_i \quad (5-6)$$

（一）因变量

PR_i 表示公司 i 的定价调整幅度，这个变量代表了最终的发行价格（offering price）相对于招股说明书中初始价格（initial price）的调整幅度，具体计算见第四章第二节；IR_i 表示公司 i 的首日收益率，具体计算见第四章第二节；Rn_i 代表上市 n 个月的收益率，n 可以为 1，2 和 3，即上市后一个月、两个月和三个月的收益率，具体计算见第四章第二节。六个回归模型主要对 CEO 特征对 IPO 定价调整幅度、首日收益率以及上市后的短期收益率的影响进行了检验。模型（5-1）研究了 CEO 特征对 IPO 定价调整的影响，模型（5-2）研究了在添加定价调整幅度的基础上 CEO 特征是否会对首日收益率产生影响，模型（5-3）研究了 CEO 特征对 IPO 短期收益率的影响，而模型（5-4）至模型（5-6）分别在 CEO 特征变量的基础上单独添加定价调整幅度和首日收益率或者同时添加两种变量，这样的设计是为了检验在定价调整幅度和首日收益率的影响下 CEO 特征是否还会对 IPO 短期收益率产生影响。

（二）自变量

$PoliticalCon$ 表示 CEO 的政府从业经历，当 CEO 曾经在市级及以上政府部门任职时，该变量取值为 1，否则为 0。$Tenure$ 是 CEO 的任职时间长度，计算出 CEO 从任职开始到 IPO 发行日的天数并除以 365 得到这个变量的具体数值。$Expertise$ 代表 CEO 的专业职称，当 CEO 拥有专业职称时，该变量取值为 1，否则为 0。$Education$ 是 CEO 的教育水平，如果 CEO 拥有本科及以上的学历，该变量取值 1，否则为 0。

（三）控制变量

CEO 的其他特征被纳入控制变量，包括社会关系（$SocialNet$）、兼任情况（$Duality$）、工资水平（$SalaryRatio$）、CEO 年龄（Age）和持股水平（$Ownership$）。如果 CEO 是行业协会或专业协会的参与者，社会关系取值为 1，否则为 0。当 CEO 同时兼任公司的董事长时，兼任情况为 1，否则为 0。工资水平计算 IPO 前一年 CEO 的工资占高级管理人员薪酬前三名总额的比例。CEO 的年龄以 IPO 前一年为标准计算。持股水平代表了 CEO 在

IPO 前持有的公司股票比例。

本书将媒体曝光量（Media）列入了控制变量的范围。媒体曝光量衡量了 IPO 前一年时间范围内 CEO 在媒体层面的曝光数量，这个数值由 Python 在百度搜索引擎上获取。根据心理学领域的近因效应，在最近一段时间内发布的新闻相比于较早之前发布的新闻会给读者留下更深刻的印象。因此投资者会更关注 IPO 发行前一年内的 CEO 相关新闻而不是更早期的新闻，并受到这一年的新闻更直接的影响。另外，IPO 发行前一年之前的新闻信息也已经被纳入招股说明书中了。

本书也将其他可能影响收益率的因素纳入到了控制变量中。资产负债率（DRatio）、资产收益率（ROA）代表公司 IPO 前一年的相应数值。为了检验承销商声誉（Underwriter）对因变量的影响，本书将承销商根据市场占有率进行了排序分类，Underwriter＝2 表示那些占有 50% 市场的第一梯队承销商，Underwriter＝1 代表那些占有 80% 市场的第二梯队承销商（排除第一梯队），剩下的承销商声誉取值为 0。同时，本书增加了换手率（Turnover）和波动率（Volatility）来衡量投资者的投机水平。换手率根据股票成交量与流通总股数的比值确定，波动率根据股价的波动幅度来确定。由于因变量包括首日收益率以及三个短期收益率，需要计算相应日期对应的换手率和波动率，首日换手率（Turnover0）对应首日收益率，1 个月、2 个月和 3 个月最后一个交易日的换手率（Turnover1、Turnover2、Turnover3）分别对应 1 个月、2 个月和 3 个月收益率；首日波动率（Volatility0）用最高价和最低价差值与发行价格相比较来确定，1 个月、2 个月和 3 个月波动率（Volatility1、Volatility2、Volatility3）分别由 1 个月、2 个月和 3 个月内指数收益率的标准差来衡量。各变量具体计算方法见表 5-1。

表5-1 变量计算方法表

变量符号	变量名称	变量计算方法
PR（Price revisions）	价格调整幅度	发行价格/初始价格-1
IR（Initial returns）	首日收益率	首日收盘价/发行价格-1
R1	1个月收益率	月末收盘价/首日收盘价-1
R2	2个月收益率	月末收盘价/首日收盘价-1
R3	3个月收益率	月末收盘价/首日收盘价-1
Offering price	发行价格	首次公开发行时投资者认购的价格
Initial price	初始价格	招股说明书中的拟募集资金/拟发行股数
CEO	首席执行官	同义词包括"总经理"和"总裁"
PoliticalCon	CEO的政府从业经历	CEO曾经在市级以上政府机构任职时取值为1，否则为0
Tenure	CEO的任期	CEO担任该职务的时间长度
Expertise	CEO的专业职称	CEO具有经国家认证的专业职称时取值为1，否则为0
Education	CEO的教育水平	CEO具有本科及以上学历时取值为1，否则为0
SocialNet	CEO的社会关系	CEO参与了行业协会或者专业协会时取值为1，否则为0
Duality	CEO的兼任情况	CEO兼任董事长时取值为1，否则为0
SalaryRatio	CEO的工资水平	CEO在IPO前一年的工资/前三名高管的工资之和
Age	CEO的年龄	CEO在IPO当年的年龄
Ownership	CEO的持股比例	CEO在IPO前的持股比例
Media	CEO的媒体曝光量	CEO在IPO前一年内的新闻数量
Dratio	公司IPO前的资产负债率	年末负债总额/年末资产总额
ROA	公司IPO前的资产收益率	净利润/总资产平均余额
Underwriter	主承销商	承销新股的证券经营机构
Turnover0	首日换手率	当日成交量/流通总股数
Turnover1	1个月最后交易日的换手率	当日成交量/流通总股数
Turnover2	2个月最后交易日的换手率	当日成交量/流通总股数
Turnover3	3个月最后交易日的换手率	当日成交量/流通总股数

续表

变量符号	变量名称	变量计算方法
Volatility0	股价首日波动率	（首日最高价－首日最低价）/发行价
Volatility1	股价一个月波动率	第一个月交易日指数收益率标准差
Volatility2	股价两个月波动率	第二个月交易日指数收益率标准差
Volatility3	股价三个月波动率	第三个月交易日指数收益率标准差

第三节 实证结果与分析

一、描述性统计

表5-2列出了"窗口指导"取消阶段研究变量的描述性统计结果。从因变量的统计结果看，定价调整幅度、首日收益率和短期收益率之间的差距较大。样本期间内，公司的定价调整幅度均值达到了134%，即发行价格在初始价格的基础上增加了一倍以上，说明在没有"窗口指导"政策的约束下，CEO将他们的相关特征的影响力纳入定价调整幅度。而这一阶段的首日收益率比定价调整幅度小得多，均值为37.69%，在较高的定价调整幅度之后的首个交易日的股价表现较平稳。短期收益率即1个月、2个月和3个月收益率均值全部为负值，说明样本期内的公司在上市之后短期股价呈现向下的趋势。这些收益率的统计值表明这一阶段的IPO出现了定价过高的现象。

表5-2 2009年6月—2014年2月变量描述性统计

	均值	中位数	最大值	最小值	标准差
PR（%）	134.09	119.32	699.67	-37.61	99.82
IR（%）	37.69	29.97	275.33	-26.33	41.66
R1（%）	-1.08	-4.69	224.83	-44.36	23.41
R2（%）	-1.82	-6.26	197.58	-46.36	26.4
R3（%）	-3.53	-8.5	167.44	-52.12	27.7

续表

	均值	中位数	最大值	最小值	标准差
$PoliticalCon$	0.26	0	1.00	0.00	0.44
$Tenure$	2.61	2.4	11.19	0.14	1.38
$Expertise$	0.63	1	1.00	0.00	0.48
$Education$	0.68	1	1.00	0.00	0.47
$SocialNet$	0.38	0	1.00	0.00	0.48
$Duality$	0.5	0	1.00	0.00	0.5
$SalaryRatio$	0.4	0.39	0.90	0.04	0.09
Age	46.7	46	72.00	26.00	7.24
$Ownership$	0.21	0.12	0.89	0.00	0.24
$Media$	770.00	35.00	128000.00	1.00	319.11
$DRatio$	0.48	0.49	0.82	0.08	0.15
ROA	0.1	0.08	0.41	-0.01	0.07
$Underwriter$	1.31	2	2.00	0.00	0.78
$Turnover0$	0.68	0.76	0.95	0.02	0.23
$Turnover1$	0.04	0.04	0.10	0.01	1.51
$Turnover2$	0.06	0.06	0.16	0.01	2.29
$Turnover3$	0.07	0.07	0.22	0.01	2.89
$Volatility0$	0.18	0.14	1.64	0.03	0.15
$Volatility1$	0.04	0.04	0.08	0.01	0.01
$Volatility2$	0.03	0.03	0.07	0.01	0.01
$Volatility3$	0.03	0.03	0.07	0.01	0.01

从CEO的特征变量来看，拥有政府从业经历的CEO的比例为26%，CEO具有专业职称的占据总量的63%，CEO的平均任期长度为2.61年，具有本科及以上教育水平的CEO占比68%。从控制变量来看，参与了行业协会或者专业协会的CEO有38%，50%的CEO同时兼任董事长，CEO的平均年龄为46岁，CEO持有的公司股权均值为21%，CEO在公司IPO前一年内的媒体曝光量的自然对数为3.75。该阶段样本公司里，资产负债率平均值为48%，资产收益率的均值为10%，承销商声誉的均值为1.31。从二级市场上投资者相关变量看，首日换手率均值为68%，首月、次月和

第三个月最后一个交易日换手率均值分别为 4%、6%、7%。首日股价波动率为 18%，首月、次月和第三个月的股价波动较小。

二、相关性分析

在进行多元回归分析之前，首先需要对回归分析中使用到的各个解释变量进行相关性分析，因为当多元回归模型中各个解释变量之间具有较高的多重共线性时，回归模型对相关系数的估计会出现较大的误差，最终导致不能对系数进行准确的估计。本书使用到的解释变量包括离散和连续变量，为了验证各个解释变量之间是否存在多重共线性，选择通过 Spearman 相关性分析来对各个解释变量进行分析验证，表 5-3 中列出了各解释变量之间的相关系数。由于本书构建了以定价调整幅度、首日收益率以及短期收益率为被解释变量的多个多元回归模型，为了不重复进行多次相关性分析，本书将所有的变量放入了同一张表格中进行相关性分析，这样就会导致不同多元回归模型中的解释变量被放在一起进行了相关性分析，本书将这部分内容进行了删除，例如首日波动率、1 个月波动率、2 个月波动率和 3 个月波动率之间的相关性分析已被删除。另外一些不相关的变量也可排除。

从表 5-3 中可以看出，首先，CEO 的政府从业经历、任期长度、教育水平、社会关系、兼任董事长、工资水平和公司的资产收益率都和 IPO 的定价调整幅度呈显著的正相关关系，而 CEO 的年龄和 IPO 的定价调整幅度呈现显著的负相关关系。相关性分析的结果说明，相对于没有政府从业经历的 CEO，有政府从业经历的 CEO 在定价策略上更倾向于提高发行价格；任期越长的 CEO 对提高公司股票的发行价格有积极作用；教育水平越高的 CEO 在面对 IPO 定价时会制定更高的发行价格；具有社会关系的 CEO 会制定更高的发行价格；兼任董事长的 CEO 相对于仅担任 CEO 职位的人选更倾向于将发行价格制定得更高；在高管团体中拥有更高水平的 CEO 也会将发行价格制定得更高；而年龄越小的 CEO 在制定价格的过程中会更积极地推高发行价格。这一初步分析结果说明假设 5.1、假设 5.2、假设 5.3

表 5-3 研究变量之间的 Spearman 相关性分析

	1	2	3	4	5	6	7	8	9	10	11	12	13	14	15	16	17	18
1. PU	1.000																	
2. IR	-0.107*	1.000																
3. R1	-0.098*	-0.129**	1.000															
4. R2	-0.055	-0.226**	0.753**	1.000														
5. R3	-0.010	-0.184**	0.588**	0.835**	1.000													
6. PoliticalCon	0.150**	0.037	-0.032	-0.029	0.013	1.000												
7. Expertise	0.041	0.008	-0.087	-0.020	0.032	0.031	1.000											
8. Tenure	0.143**	-0.014	0.013	0.011	-0.016	0.043	0.025	1.000										
9. Education	0.172**	0.002	0.038	0.016	0.020	0.065	0.091	-0.051	1.000									
10. SocialNet	0.191**	0.008	0.068	-0.081	-0.042	0.401**	0.032	0.050	0.121*	1.000								
11. Duality	0.128**	0.028	0.029	-0.072	0.031	0.184**	-0.002	0.000	0.003	0.244**	1.000							
12. Salaryratio	0.106*	0.012	0.014	0.019	0.045	0.110*	-0.042	0.027	-0.036	0.106*	0.098*	1.000						
13. Age	-0.104*	0.035	-0.011	0.011	-0.005	0.125**	0.196**	0.046	-0.161**	-0.013	0.173**	0.090	1.000					

续表

	1	2	3	4	5	6	7	8	9	10	11	12	13	14	15	16	17	18
14. Ownership	0.045	-0.065	-0.030	-0.072	-0.064	0.110*	-0.088	-0.045	-0.116**	0.218**	0.247**	0.140**	0.089	1.000				
15. Log (media)	-0.077	-0.160**	0.006	-0.010	0.040	0.109*	-0.023	-0.020	-0.029	0.121*	0.260**	0.025	0.094*	0.322**	1.000			
16. Dratio	0.135	0.036	0.007	0.032	-0.024	0.060	0.121*	0.007	-0.067	-0.013	-0.012	-0.047	0.025	-0.014	0.092	1.000		
17. ROA	0.263**	0.070	0.087	-0.009	-0.109*	-0.033	-0.079	-0.030	0.028	0.015	0.018	0.019	-0.035	0.103*	-0.065	-0.375**	1.000	
18. Underwriter	0.043	0.020	0.060	0.071	0.070	-0.043	0.002	-0.073	0.019	-0.041	-0.010	-0.012	-0.020	0.056	0.132**	-0.104*	0.111*	1.000
Turnover0	-0.092	0.598**	-0.226**	-0.263**	-0.252**	0.003	0.092	0.020	0.051	-0.025	-0.001	-0.064	0.003	-0.007	-0.088	-0.050	-0.046	0.038
Turnover1	-0.331**	0.506**	0.297**	0.120*	0.075	-0.053	-0.048	0.047	-0.120**	-0.100*	0.006	-0.047	0.048	-0.027	0.006	-0.068	-0.071	0.003
Turnover2	-0.369**	0.476**	0.296**	0.242**	0.169**	-0.071	-0.053	0.038	-0.102*	-0.120**	-0.027	-0.070	0.050	-0.042	0.006	-0.072	-0.091	0.000
Turnover3	-0.378**	0.475**	0.215**	0.222**	0.200**	-0.077	-0.031	0.044	-0.088	-0.118*	-0.043	-0.075	0.048	-0.041	0.002	-0.062	-0.123**	-0.016
Volatility0	-0.132**	0.745**	-0.034	-0.064	-0.063	0.055	-0.037	0.048	-0.079	-0.034	-0.046	0.015	0.049	-0.066	-0.088	-0.045	-0.005	0.014
Volatility1	-0.091	0.486**	0.055	0.082	0.115*	-0.005	0.022	0.065	-0.069	-0.016	0.012	-0.040	0.052	-0.030	0.082	-0.007	-0.039	0.032
Volatility2	-0.123**	0.549**	0.088	0.082	0.108*	-0.034	0.015	0.038	-0.044	-0.034	0.008	-0.049	0.006	-0.047	0.046	-0.044	-0.012	0.021
Volatility3	-0.116*	0.541**	0.136**	0.115*	0.082	-0.051	0.027	0.046	-0.022	-0.024	0.019	-0.044	0.016	-0.029	0.025	-0.010	0.016	0.042

和假设 5.4 存在合理性，说明 CEO 特征确实对定价调整幅度有一定的影响。其次，CEO 特征与首日收益率和短期收益率之间不存在显著的相关性，说明 CEO 特征的相关信息已经完全被纳入发行前价格制定过程的定价调整幅度中，可以初步证实假设 5.5。最后，可以看到其他解释变量和控制变量之间的相关系数都比 0.5 要小，说明这些变量之间不存在严重的多重共线性问题。

三、多元回归分析

表 5-4 到表 5-7 给出了多元回归分析结果，即在 2009 年 6 月至 2014 年 2 月"窗口指导"取消阶段 CEO 特征对 IPO 定价调整以及短期表现的影响结果，在这个阶段，没有行政手段严格限制市盈率，也没有首日股价涨幅限制，市场给发行人留下了足够大的定价空间。

表 5-4　回归分析结果：CEO 特征对定价调整和首日收益率的影响

	Price revision (1)	Initial Return (2)
Price revision		-0.01 (-0.54)
PoliticalCon	0.18* (1.82)	-0.03 (-1.40)
Tenure	0.09*** (3.25)	-0.01 (-1.48)
Expertise	0.16* (1.90)	-0.01 (-0.42)
Education	0.22** (2.52)	0.02 (1.02)
SocialNet	0.18* (1.94)	0.04* (1.80)
Duality	0.26*** (2.69)	0.05** (2.27)
SalaryRatio	1.00** (2.40)	0.01 (0.08)

续表

	Price revision (1)	Initial Return (2)
Age	-0.02*** (-3.08)	0.00 (0.73)
Ownership	-0.02 (-0.10)	-0.05 (-1.06)
Log (Media)	-0.07** (-2.43)	-0.02*** (-2.76)
DRatio	0.15 (0.51)	0.13* (1.88)
ROA	3.89*** (6.32)	0.42*** (2.70)
Underwriter rank	0.08 (1.53)	-0.00 (-0.17)
Turnover		0.40*** (9.31)
Volatility		2.42*** (37.09)
Intercept	0.66* (1.72)	-0.40*** (-4.08)
No. of Obs.	444	444
Adjusted R^2	0.15	0.43

表5-5 回归分析结果：CEO特征对一个月收益率的影响

	R1			
	(3a)	(3b)	(3c)	(3d)
Price revision		0.00 (0.14)		-0.00 (-0.26)
Initial return			-0.18*** (-9.83)	-0.18*** (-9.82)
PoliticalCon	-0.01 (-0.34)	-0.01 (-0.34)	-0.01 (-0.30)	-0.01 (-0.29)

续表

	R1			
	(3a)	(3b)	(3c)	(3d)
$Tenure$	0.00 (0.30)	0.00 (0.28)	-0.00 (-0.09)	-0.00 (-0.05)
$Expertise$	-0.00 (-0.30)	-0.00 (-0.30)	-0.00 (-0.23)	-0.00 (-0.22)
$Education$	0.02 (0.97)	0.02 (0.95)	0.02 (1.35)	0.02 (1.36)
$SocialNet$	0.00 (0.00)	-0.00 (-0.00)	0.01 (0.58)	0.01 (0.59)
$Duality$	0.01 (0.37)	0.01 (0.35)	0.01 (0.85)	0.02 (0.88)
$SalaryRatio$	0.10 (1.16)	0.09 (1.14)	0.12 (1.57)	0.12 (1.59)
Age	-0.00 (-0.67)	-0.00 (-0.64)	-0.00 (-0.68)	-0.00 (-0.72)
$Ownership$	-0.04 (-0.95)	-0.04 (-0.95)	-0.06 (-1.63)	-0.06 (-1.63)
$Log(Media)$	0.01 (0.88)	0.01 (0.88)	-0.00 (-0.30)	-0.00 (-0.31)
$DRatio$	0.11* (1.89)	0.11* (1.89)	0.11** (2.12)	0.11** (2.11)
ROA	0.45*** (3.65)	0.44*** (3.56)	0.48*** (4.41)	0.49*** (4.37)
$Underwriter\ rank$	0.01 (0.98)	0.01 (0.98)	0.01 (1.33)	0.01 (1.33)
$Turnover$	0.06*** (8.82)	0.06*** (8.39)	0.07*** (11.90)	0.07** (11.23)
$Volatility$	-4.85*** (-5.75)	-4.86*** (-5.68)	-2.01** (-2.57)	-2.01** (-2.54)
$Intercept$	-0.24*** (-3.03)	-0.25*** (-3.00)	-0.32*** (-0.42)	-0.31*** (-4.27)
No. of Obs.	444	444	444	444
AdjustedR^2	0.08	0.08	0.20	0.20

表 5－6　回归分析结果：CEO 特征对两个月收益率的影响

	R2			
	(4a)	(4b)	(4c)	(4d)
Price revision		0.01 (0.73)		0.01 (0.52)
Initial return			－0.24*** (－10.06)	－0.24*** (－10.02)
PoliticalCon	－0.00 (－0.10)	－0.00 (－0.16)	0.01 (0.46)	0.01 (0.42)
Tenure	0.01 (0.73)	0.00 (0.61)	0.00 (0.53)	0.00 (0.44)
Expertise	0.00 (0.20)	0.01 (0.21)	－0.00 (－0.05)	－0.00 (－0.05)
Education	0.03 (1.57)	0.03 (1.52)	0.04* (1.81)	0.03* (1.77)
SocialNet	－0.00 (－0.12)	－0.00 (－0.15)	0.00 (0.04)	0.00 (0.00)
Duality	－0.01 (－0.51)	－0.01 (－0.57)	－0.00 (－0.04)	－0.00 (－0.09)
SalaryRatio	0.13 (1.21)	0.13 (1.15)	0.10 (1.09)	0.10 (1.04)
Age	－0.00 (－0.12)	－0.00 (－0.02)	0.00 (0.14)	0.00 (0.21)
Ownership	－0.03 (－0.66)	－0.03 (－0.65)	－0.05 (－1.19)	－0.05 (－1.18)
Log（Media）	0.00 (0.07)	0.00 (0.14)	－0.01 (－0.92)	－0.01 (－0.86)
DRatio	0.02 (0.31)	0.03 (0.36)	0.03 (0.41)	0.03 (0.43)
ROA	0.25 (1.53)	0.23 (1.40)	0.29** (2.02)	0.28* (1.91)
Underwriter rank	0.02 (1.27)	0.02 (1.23)	0.02* (1.91)	0.02* (1.88)

续表

	R2			
	(4a)	(4b)	(4c)	(4d)
Turnover	0.04***	0.04***	0.04***	0.04***
	(6.28)	(6.09)	(6.97)	(6.66)
Volatility	-4.84***	-5.10***	0.97	0.81
	(-3.18)	(-3.28)	(0.68)	(0.56)
Intercept	-0.26**	-0.27**	-0.34***	-0.35***
	(-2.40)	(-2.50)	(-3.63)	(-3.66)
No. of Obs.	444	444	444	444
Adjusted R^2	0.05	0.04	0.18	0.18

表5-7 回归分析结果：CEO特征对三个月收益率的影响

	R3			
	(5a)	(5b)	(5c)	(5d)
Price revision		0.02		0.02
		(1.54)		(1.64)
Initial return			-0.20***	-0.20***
			(-7.56)	(-7.61)
PoliticalCon	0.01	0.00	0.02	0.01
	(0.28)	(0.10)	(0.78)	(0.59)
Tenure	-0.00	-0.00	-0.01	-0.01
	(-0.32)	(-0.51)	(-0.94)	(-1.18)
Expertise	0.03	0.03	0.04*	0.04*
	(1.39)	(1.43)	(1.75)	(1.79)
Education	0.03	0.02	0.03	0.02
	(1.18)	(1.04)	(1.26)	(1.12)
SocialNet	-0.01	-0.01	0.00	0.00
	(-0.22)	(-0.21)	(0.05)	(0.05)
Duality	0.00	-0.00	0.01	0.00
	(0.07)	(-0.09)	(0.29)	(0.11)
SalaryRatio	0.23**	0.21*	0.23**	0.21**
	(2.07)	(1.90)	(2.19)	(2.02)

续表

	R3			
	(5a)	(5b)	(5c)	(5d)
Age	-0.00 (-0.56)	-0.00 (-0.42)	-0.00 (-0.40)	-0.00 (-0.81)
Ownership	-0.03 (-0.54)	-0.03 (-0.50)	-0.06 (-1.12)	-0.05 (-1.08)
Log（Media）	0.00 (0.22)	0.00 (0.35)	-0.00 (-0.29)	-0.00 (-0.13)
DRatio	-0.02 (-0.22)	-0.01 (-0.11)	-0.04 (-0.56)	-0.03 (-0.45)
ROA	0.02 (0.13)	-0.03 (-0.17)	0.03 (0.18)	-0.02 (-0.10)
Underwriter rank	0.02 (1.45)	0.02 (1.39)	0.02* (1.79)	0.02* (1.71)
Turnover	0.03*** (5.54)	0.03*** (5.60)	0.03*** (6.40)	0.03*** (6.49)
Volatility	-5.14*** (-2.97)	-5.42*** (-3.05)	-0.80 (-0.47)	-1.14 (-0.66)
Intercept	-0.23** (-2.11)	-0.26*** (-2.35)	-0.30*** (-2.90)	-0.33*** (-3.14)
No. of Obs.	444	444	444	444
Adjusted R^2	0.03	0.03	0.12	0.12

表5-4中回归模型（1）检验了各个影响因素对定价调整幅度的影响。回归模型（1）的结果与假设一致，即CEO的政府从业经历对定价调整幅度具有显著的正向影响，政府从业经历的相关系数为0.18（$p<0.1$），说明拥有政府从业经历的CEO能够扩大定价调整幅度使得发行价格相对于初始价格更高，从而为公司募集到更多的资金。在中国社会中，政府从业经历帮助CEO在新股定价中传递价值并且为CEO在与承销商协商定价的过程中取得话语权，这个结果验证了假设5.1。任期长度的相关系数为0.09，并且在1%的水平上对定价调整幅度具备显著的正向影响力，这说

明在公司任职时间越长的CEO具备更高的声望和更大的权利,传递了CEO具有更高管理水平和议价能力的信号,从而提高新股发行价格,这个结果支持了假设5.2。CEO的专业职称也会对定价调整幅度起到正向的影响,说明CEO具备专业职称的特征为市场参与者传递了CEO精通行业专业知识的强烈信号,从而使CEO在和承销商协商发行价格时享有更大的议价空间,这个结果支持了假设5.3。教育水平对定价调整幅度也具有正向影响力,说明越高的教育水平和越丰富的知识储备对CEO在提高IPO价格方面有着更积极的作用,这个结论使假设5.4成立。

在控制变量方面,CEO的社会关系和定价调整幅度成正相关关系,社会关系可以减少CEO对外部信息的不确定性,使CEO能够获取IPO定价方面的相关信息从而提高IPO最后的发行价格。兼任董事长的相关系数是0.26且在1%的水平上具有显著性,说明在制定更高的发行价格方面,兼任董事长的CEO有更强的决策权同时面临更少的来自董事会的反对[189-190]。工资水平和定价调整幅度具有正相关关系,有理由相信更高的工资水平可以增强CEO在决策团体中的话语权从而提高IPO的发行价格[191]。有趣的是,CEO的年龄和定价调整幅度呈负相关关系,即越年轻的CEO倾向于制定越高的发行价格。CEO年龄越小越倾向于主动追求风险,从而采取更加积极的定价策略。媒体曝光量和定价调整幅度呈负相关关系,出现这种情况可能是因为公众投资者对CEO的关注在新股发行价格制定的过程中起到了一种监督作用,使CEO在提高发行价格的时候更加谨慎,以避免引起过多的关注和舆论争议。资产收益率作为公司的盈利指标和定价调整幅度呈正相关关系,说明优良的盈利能力使CEO在和承销商对公司进行估值的过程中更有自信,从而制定更高的发行价格。

回归模型(2)检验了CEO特征等因素对首日收益率的影响,有如下发现。首先,定价调整幅度对首日收益率的影响为负但并不显著,即首日收益率的变动方向与定价调整幅度相反。其次,四个特征,即CEO的政府从业经历、CEO的专业职称、CEO的任期和CEO的教育水平对首日收益率的影响并不显著,也就是说CEO特征的影响并没有传递到二级市场上。

这个结论和假设5.5一致，说明CEO特征的相关信息已经全部被纳入定价调整过程。再次，一些控制变量例如CEO的社会关系、CEO的兼任情况、CEO的媒体曝光量以及公司的资产收益率显著地影响首日收益率。公司的资产负债率和首日收益率呈正相关关系，说明这个阶段投资者将更高的资产负债率视为公司具备更强的借贷能力的信号，从而抬高了首日收益率。最后，首日换手率和首日波动率会对首日收益率产生极大的正向影响力。

表5-5、表5-6和表5-7中的回归模型（3）、模型（4）和模型（5）检验了CEO是否能够影响公司上市之后的短期收益率，同时也纳入了定价调整幅度和首日收益率对短期收益率的影响。有几个结果值得注意。首先，定价调整幅度对1个月、2个月和3个月收益率没有显著影响，说明一级市场的定价调整幅度不会影响到二级市场的短期表现。其次，首日收益率和短期收益率呈负相关关系，说明在高发行价格基础上的首日收益率被高估，导致股票价格在短期内大幅逆转，1个月、2个月和3个月收益率出现重挫。也就是说首个交易日极高的投机性使短期内股价明显下跌，短期收益率甚至出现负值。最后，在定价调整阶段具有显著影响性的CEO政府从业经历、CEO专业职称、CEO任期以及CEO的教育水平在公司上市后不再具有影响力，因为这些因素已经被纳入了定价调整幅度中，这个结果印证了假设5.5。换手率与1个月、2个月及3个月收益率呈正相关，说明频繁的交易会直接促使股票价格上涨。同时股价波动率与短期收益率呈负相关，说明波动剧烈的交易会导致收益率更低。另外，声誉更好的承销商和2个月及3个月收益率呈正相关关系，说明中介机构的声誉被公众投资者视为公司质量的背书。

第四节 本章小结

本章实证检验了2009年6月到2014年2月新股体制改革"窗口指导"取消阶段CEO特征对IPO定价调整及短期收益的影响。在这个样本期间内，当首席执行官可以根据市场水平设定发行价格时，首席执行官的特征

（社会关系、专业职称、任期和教育水平）对最终确定发行价格的调整幅度有着显著的影响，但并不影响公司上市以后的短期收益率。这种情况下，首席执行官设定的发行价格过高，导致首次公开募股交易后二级市场的价格下调。最终，首次公开发行中激进的首席执行官定价行为导致破发现象频频发生。

第六章 "窗口指导"重启阶段 CEO 特征对 IPO 定价调整及短期表现的影响

第一节 理论分析与研究假设

一、"窗口指导"重启阶段 CEO 特征对 IPO 价格调整的影响

在重启"窗口指导"政策之后,限制性的市盈率使发行人在定价调整方面受到了严格的控制,CEO 对定价调整幅度的影响将会消失,使得价格无法反映公司的内在价值,也就无法体现 CEO 政府从业经历、CEO 任期、CEO 专业职称和 CEO 教育水平的影响。因此本书认为在重启"窗口指导"政策后,CEO 的政府从业经历、CEO 任期、CEO 专业职称和 CEO 教育水平无法再影响定价调整。因此提出假设 6.1。

假设 6.1:重启"窗口指导"政策后,CEO 特征(政府从业经历、专业职称、任期和教育水平)对定价调整幅度无显著性影响。

二、"窗口指导"重启阶段 CEO 特征对 IPO 短期收益的影响

在"窗口指导"重启阶段,即 2014 年 6 月—2017 年 4 月,严重的抑价现象再次出现。由于发行市盈率再次受到限制,IPO 的定价调整阶段发行人不再享有自主定价权,23 倍市盈率的限制使询价定价机制失效,因此 CEO 特征对 IPO 定价调整过程的影响也消失了。对发行价格严格的政策限制使 CEO 相关特征(政府从业经历、专业职称、任期和教育水平)无法

在发行价格中体现出来,因此 CEO 特征通过信号传递影响二级市场投资者,从而影响二级市场上公司的股票价格。因此提出假设 6.2。

假设 6.2:重启"窗口指导"政策后,CEO 特征(政府从业经历、专业职称、任期和教育水平)的相关信息会对二级市场上的新股价格产生显著影响。

第二节 研究设计

一、样本选择与数据来源

本章选取 2014 年 6 月—2017 年 4 月在中小板上市的公司作为研究样本,数据来源于国泰安数据库、万得数据库和中国证券监督管理委员会网站。第一,因变量 IPO 定价调整幅度来源于国泰安数据库和证监会网站首次公开发行信息披露系统中的招股说明书申报稿,IPO 发行价格来源于国泰安数据库公司研究系列的首次公开发行数据库,初始价格从招股说明书申报稿中手工提取;因变量首日收益率来源于国泰安数据库公司研究系列的首次公开发行数据库;因变量短期收益率来源于万得数据库多维数据库中的行情序列;对于上述数据库中缺失或错误的数据,对照万得数据库以及招股说明书申报稿进行补充和校正。第二,CEO 特征数据来源于国泰安数据库人物特征系列的上市公司人物特征数据库,对于缺失或错误的人物特征数据,对照招股说明书申报稿中的高管人员资料进行补充和校正。第三,控制变量中的发行人公司相关财务数据来源于国泰安数据库公司研究系列的首次公开发行数据库,交易行情数据来源于万得数据库多维数据库中的行情序列。第四,CEO 在 IPO 前一年的媒体曝光量通过 Python 在百度搜索引擎上抓取获得。在样本的筛选过程中剔除数据缺失或异常的样本,得到 120 家公司的有效样本数据。

二、变量定义与模型构建

本书研究了 CEO 特征对 IPO 定价调整幅度、首日收益率以及上市后的

短期收益率的影响。构建回归模型如下:

$$PR_i = \alpha_0 + \beta_1 \times PoliticalCon_i + \beta_2 \times Tenure_i + \beta_3 \times Expertise_i \\ + \beta_4 \times Education_i + \beta_5 \times ControlVariables + \varepsilon_i \quad (6-1)$$

$$IR_i = \alpha_0 + \beta_1 PR_i + \beta_2 \times PoliticalCon_i + \beta_3 \times Tenure_i + \beta_4 \times Expertise_i \\ + \beta_5 \times Education_i + \beta_6 \times ControlVariables + \varepsilon_i \quad (6-2)$$

$$Rn_i = \alpha_0 + \beta_1 \times PoliticalCon_i + \beta_2 \times Tenure_i + \beta_3 \times Expertise_i \\ + \beta_4 \times Education_i + \beta_5 \times ControlVariables + \varepsilon_i \quad (6-3)$$

$$Rn_i = \alpha_0 + \beta_1 PR_i + \beta_2 \times PoliticalCon_i + \beta_3 \times Tenure_i + \beta_4 \times Expertise_i \\ + \beta_5 \times Education_i + \beta_6 \times ControlVariables + \varepsilon_i \quad (6-4)$$

$$Rn_i = \alpha_0 + \beta_1 IR_i + \beta_2 \times PoliticalCon_i + \beta_3 \times Tenure_i + \beta_4 \times Expertise_i \\ + \beta_5 \times Education_i + \beta_6 \times ControlVariables + \varepsilon_i \quad (6-5)$$

$$Rn_i = \alpha_0 + \beta_1 PR_i + \beta_2 IR_i + \beta_3 \times PoliticalCon_i + \beta_4 \times Tenure_i + \beta_5 \times Expertise_i \\ + \beta_6 \times Education_i + \beta_7 \times ControlVariables + \varepsilon_i \quad (6-6)$$

(一) 因变量

PR_i 表示公司 i 的定价调整幅度,这个变量代表了最终的发行价格(offering price)相对于招股说明书中初始价格(initial price)的调整幅度,具体计算见第四章第二节;IR_i 表示公司 i 的首日收益率,具体计算见第四章第二节;Rn_i 代表上市 n 个月的收益率,n 可以为 1,2 和 3,即上市后 1 个月、2 个月和 3 个月的收益率,具体计算见第四章第二节。六个回归模型主要对 CEO 特征对 IPO 定价调整幅度、首日收益率以及上市后的短期收益率的影响进行了检验,模型(6-1)研究了 CEO 特征对 IPO 定价调整的影响,模型(6-2)研究了在添加定价调整幅度的基础上 CEO 特征是否会对首日收益率产生影响,模型(6-3)研究了 CEO 特征对 IPO 短期收益率的影响，而模型（6-4）至模型（6-6）分别在 CEO 特征变量的基础上单独添加定价调整幅度和首日收益率或者同时添加两种变量，这样的设计是为了检验在定价调整幅度和首日收益率的影响下 CEO 特征是否还会对 IPO 短期收益率产生影响。

（二）自变量

PoliticalCon 表示 CEO 的政府从业经历，当 CEO 曾经在市级及以上政府部门任职时，该变量取值为 1，否则为 0。*Tenure* 是 CEO 的任职时间长度，计算出 CEO 从任职开始到 IPO 发行日的天数并除以 365 得到这个变量的具体数值。*Expertise* 代表 CEO 的专业职称，当 CEO 拥有专业职称时，该变量取值为 1，否则为 0。*Education* 是 CEO 的教育水平，如果 CEO 拥有本科及以上的学历，该变量取值 1，否则为 0。

（三）控制变量

CEO 的其他特征被纳入控制变量，包括社会关系（*SocialNet*）、兼任情况（*Duality*）、工资水平（*SalaryRatio*）、CEO 年龄（*Age*）和持股水平（*Ownership*）。如果 CEO 是行业协会或专业协会的参与者，社会关系取值为 1，否则为 0。当 CEO 同时兼任公司的董事长时，兼任情况为 1，否则为 0。工资水平为 IPO 前一年 CEO 的工资占高级管理人员薪酬前三名总额的比例。CEO 的年龄以 IPO 前一年为标准计算。持股水平代表了 CEO 在 IPO 前持有的公司股票比例。

本书将媒体曝光量（Media）列入了控制变量的范围。媒体曝光量衡量了 IPO 前一年时间范围内 CEO 在媒体层面的曝光数量，这个数值由 Python 在百度搜索引擎上获取。根据心理学领域的近因效应，最近一段时间内发布的新闻相比于较早之前发布的新闻会给读者留下更深刻的印象。因此投资者会更关注 IPO 发行前一年的 CEO 相关新闻而不是更早期的新闻，并受这一年的新闻更直接的影响。另外，IPO 发行前一年之前的新闻信息的影响也已经被纳入招股说明书。

本书也将其他可能影响收益率的因素纳入了控制变量中。资产负债率（DRatio）、资产收益率（ROA）代表公司 IPO 前一年的相应数值。为了检验承销商声誉（Underwriter）对因变量的影响，本书将承销商根据市场占有率进行了排序分类，Underwriter = 2 表示那些占有 50% 市场的第一梯队承销商，Underwriter = 1 代表那些占有 80% 市场的第二梯队承销商（排除第一梯队），剩下的承销商声誉取值为 0。同时本书增加了换手率（Turnover）和波动率（Volatility）来衡量投资者的投机水平。换手率根据股票成交量与流通总股数的比值确定，波动率根据股价的波动幅度来确定。由于因变量包括首日收益率以及 3 个短期收益率，需要计算相应日期对应的换手率和波动率，首日换手率（Turnover0）对应首日收益率，1 个月、2 个月和 3 个月最后一个交易日的换手率（Turnover1、Turnover2、Turnover3）分别对应 1 个月、2 个月和 3 个月收益率；首日波动率（Volatility0）用最高价和最低价差值与发行价格相比较来确定，1 个月、2 个月和 3 个月波动率（Volatility1、Volatility2、Volatility3）分别由 1 个月、2 个月和 3 个月内指数收益率的标准差来衡量。各变量具体计算方法见表 6 - 1。

表 6 - 1　变量计算方法表

变量符号	变量名称	变量计算方法
PR（Price revisions）	价格调整幅度	发行价格/初始价格 - 1
IR（Initial returns）	首日收益率	首日收盘价/发行价格 - 1
R1	1 个月收益率	月末收盘价/首日收盘价 - 1
R2	2 个月收益率	月末收盘价/首日收盘价 - 1
R3	3 个月收益率	月末收盘价/首日收盘价 - 1
Offering price	发行价格	首次公开发行时投资者认购的价格
Initial price	初始价格	招股说明书中的拟募集资金/拟发行股数
CEO	首席执行官	同义词包括"总经理"和"总裁"
PoliticalCon	CEO 的政府从业经历	CEO 现在或曾经在市级以上政府机构任职时取值为 1，否则为 0
Tenure	CEO 的任期	CEO 担任该职务的年份
Expertise	CEO 的专业职称	CEO 具有经国家认证的专业职称时取值为 1，否则为 0
Education	CEO 的教育水平	本科及以上学历取值为 1，否则为 0

续表

变量符号	变量名称	变量计算方法
SocialNet	CEO 的社会关系	CEO 参与了行业协会或者专业协会时取值为1,否则为0
Duality	CEO 的兼任情况	CEO 兼任董事长时取值为1,否则为0
SalaryRatio	CEO 的工资水平	CEO 在 IPO 前一年的工资/前三名高管的工资之和
Age	CEO 的年龄	CEO 在 IPO 当年的年龄
Ownership	CEO 的持股比例	CEO 在 IPO 前的持股比例
Media	CEO 的媒体曝光量	CEO 在 IPO 前一年内的新闻数量
Dratio	公司 IPO 前的资产负债率	年末负债总额/年末资产总额
ROA	公司 IPO 前的资产收益率	净利润/总资产平均余额
Underwriter	主承销商	承销新股的证券经营机构
Turnover0	首日换手率	当日成交量/流通总股数
Turnover1	1个月最后交易日的换手率	当日成交量/流通总股数
Turnover2	2个月最后交易日的换手率	当日成交量/流通总股数
Turnover3	3个月最后交易日的换手率	当日成交量/流通总股数
Volatility0	股价首日波动率	(首日最高价-首日最低价)/发行价
Volatility1	股价1个月波动率	第一个月交易日指数收益率的标准差
Volatility2	股价2个月波动率	第二个月交易日指数收益率的标准差
Volatility3	股价3个月波动率	第三个月交易日指数收益率的标准差

第三节 实证结果与分析

一、描述性统计

表6-2列出了"窗口指导"重启阶段研究变量的描述性统计结果。从因变量的统计结果看,定价调整幅度、首日收益率和短期收益率出现了逐渐增长的趋势,和"窗口指导"取消阶段的变化趋势显著不同。这个阶段的定价调整幅度均值降低到了9.36%,而"窗口指导"取消阶段的定价调整幅度均值为134.09%,是这个阶段定价调整幅度的14倍,同时这个

阶段定价调整幅度的标准差也相对更小,说明在重启"窗口指导"政策的约束下,定价调整过程受到了极大的限制,CEO 的相关特征已经无法被纳入定价调整幅度中。"窗口指导"重启阶段的首日收益率比前一阶段的首日收益率稍高,均值为 44% 而且标准差极小,在严格约束新股定价调整的前提下没有出现首日价格高涨的现象,这是因为证监会在这一阶段严格限制了首日价格波动幅度,规定首日股价涨幅不得超过 44%。因此在定价调整幅度和首日股价涨幅的双重约束下,"窗口指导"重启阶段的首日收益率基本都为 44%。这个阶段的短期收益率即 1 个月、2 个月和 3 个月收益率均值都超过 165%,说明样本期内的公司在上市之后短期股价走势呈现明显向上的趋势,出现了严重的抑价现象。

表 6-2 2014 年 6 月—2017 年 4 月变量描述性统计

	均值	中位数	最大值	最小值	标准差
Price revision（%）	9.36	10.10	194.67	-73.59	38.26
Initial return（%）	44.00	44.00	44.10	43.93	0.03
R1（%）	170.52	137.09	573.24	10.59	125.01
R2（%）	169.96	135.45	919.10	5.51	135.30
R3（%）	165.57	121.45	742.80	-1.95	134.71
PoliticalCon	0.21	0.00	1.00	0.00	0.41
Expertise	0.38	0.00	1.00	0.00	0.49
Tenure	2.46	2.05	9.77	0.16	1.86
Education	0.55	1.00	1.00	0.00	0.50
SocialNet	0.33	0.00	1.00	0.00	0.47
Duality	0.49	0.00	1.00	0.00	0.50
SalaryRatio	0.40	0.39	0.79	0.10	0.09
Age	49.44	50.00	70.00	34.00	6.61
Ownership	0.25	0.15	0.89	0.00	0.24
Media	1542.00	87.00	58700.00	13.00	604.48
DRatio	0.41	0.41	0.98	0.12	0.17
ROA	0.12	0.11	0.30	0.01	0.06
Underwriter	1.01	1.00	2.00	0.00	0.78

第六章 "窗口指导"重启阶段 CEO 特征对 IPO 定价调整及短期表现的影响

续表

	均值	中位数	最大值	最小值	标准差
$Turnover0$	0.00	0.00	0.03	0.00	0.00
$Turnover1$	0.03	0.03	0.07	0.00	1.10
$Turnover2$	0.07	0.06	0.12	0.04	1.99
$Turnover3$	0.09	0.09	0.18	0.04	2.83
$Volatility0$	0.20	0.24	0.24	0.12	0.05
$Volatility1$	0.06	0.06	0.10	0.00	0.02
$Volatility2$	0.06	0.06	0.09	0.04	0.01
$Volatility3$	0.06	0.05	0.13	0.03	0.01

从 CEO 的特征变量来看，拥有政府从业经历的 CEO 的比例为 21%，CEO 具有专业职称的占据总量的 38%，CEO 的平均任期长度为 2.46 年，具有本科及以上教育水平的 CEO 占比 55%。从控制变量来看，参与了行业协会或者专业协会的 CEO 有 33%，49% 的 CEO 同时兼任董事长，CEO 的平均年龄为 49 岁，CEO 持有的公司股权均值为 25%，CEO 在公司 IPO 前一年内的媒体曝光量的自然对数为 4.99。在该阶段样本公司里，资产负债率平均值为 41%，资产收益率平均值为 12%，承销商声誉的均值为 1.01。从二级市场上投资者相关变量看，首日换手率均值为 0.00%，首月、次月和第三个月最后一个交易日换手率均值为 0.03%、0.07%、0.09%。首日股价波动率为 20%，首月、次月和第三个月的股价波动较小。

本书用独立样本 t 检验比较了各个变量在"窗口指导"重启阶段和"窗口指导"取消阶段是否存在明显的差别。表 6-3 是 t 检验的结果，数值代表了两个样本中变量均值的差值。其中第一个阶段的定价调整幅度比第二阶段的数值大得多，并且具有非常显著的差异。"窗口指导"重启阶段的首日收益率比"窗口指导"取消阶段的首日收益率小，因为"窗口指导"重启阶段的首日收益已经被严格限制，同时也导致公司上市之后 1 个月、2 个月和 3 个月的收益率持续高涨超过了 160%，说明了 IPO 较严重的抑价现象。而"窗口指导"取消阶段的 1 个月、2 个月和 3 个月收益率均为负值，说明 IPO 在这个阶段普遍定价过高。从 t 检验的结果可以看到，两个样本阶段的 CEO 的专业职称、CEO 的教育水平、CEO 的年龄、CEO 的媒体曝光量、公司的资产负债率、公司的资产收益率、承销商声誉、首日及三个月最后一个交易日的换手率、首日及三个月的股价波动率都存在明显的差异,说明取消以及重启"窗口指导"政策的两个阶段具有明显不同。

表 6-3 两阶段变量均值 t 检验

	均值差
Price revision（%）	124.73***
Initial return（%）	-6.31***
R1（%）	-171.60***
R2（%）	-171.78***
R3（%）	-169.10***
PoliticalCon	0.06
Expertise	0.25***
Tenure	0.15
Education	0.13**
SocialNet	0.05
Duality	0.00
SalaryRatio	-0.01
Age	-2.74***
Ownership	-0.03
Media	-772.00***
DRatio	0.07***
ROA	-0.02***
Underwriter	0.30***
Turnover0	0.68***
Turnover1	0.01***
Turnover2	-0.01***
Turnover3	-0.02***
Volatility0	-0.02
Volatility1	-0.02***
Volatility2	-0.03***
Volatility3	-0.03***

二、相关性分析

在进行多元回归分析之前，首先对回归分析中使用到的各个解释变量进行相关性分析，因为当多元回归模型中各个解释变量之间具有较高的多重共线性时，回归模型对相关系数的估计会出现较大的误差，最终导致不能对系数进行准确的估计。本书使用到的解释变量包括离散和连续变量，为了验证各个解释变量之间是否存在多重共线性，选择通过 Spearman 相关性分析对各个解释变量进行分析验证，表 6-4 中列出了各解释变量之间的相关系数。由于本书构建了以定价调整幅度、首日收益率以及短期收益率为被解释变量的多个多元回归模型，为了不重复进行多次相关性分析，本书将所有的变量放入同一张表格中进行相关性分析，这样不同多元回归模型中的解释变量被放在一起进行了相关性分析，本书将这部分内容进行了删除，例如首日波动率、一个月波动率、两个月波动率和三个月波动率之间的相关性分析已被删除，另外一些不相关的变量可自行排除。

从表 6-4 中可以看出，首先，CEO 特征对 IPO 的定价调整幅度和首日收益率的影响消失，说明"窗口指导"政策的重启限制了新股的定价调整过程，从而压缩了发行人制定价格的空间，CEO 特征的相关信息无法在定价调整中体现出来，初步证实了假设 6.1，同时证监会对首日价格涨幅的限制也让 CEO 特征无法在首个交易日中得到体现。其次，可以看到 CEO 特征包括 CEO 的政府从业经历、专业职称、任期长度和教育水平与短期收益率即 1 个月、2 个月和 3 个月收益率有显著的正相关关系。相关性分析的结果说明，相对于没有政府从业经历的 CEO，有政府从业经历的 CEO 在定价策略上更倾向于提高发行价格；具有专业职称的 CEO 相比于没有专业职称的 CEO 更愿意把发行价格制定得更高；任期越长的 CEO 对提高公司股票的发行价格有积极作用；教育水平越高的 CEO 在面对 IPO 定价时会制定更高的发行价格。这一初步分析结果说明假设 6.2 存在合理性，虽然 CEO 特征对 IPO 价格的影响没有在定价过程中体现出来，但是在公司新股上市公开交易之后，CEO 特征的影响开始慢慢显现，影响了新股上市后的

表6-4　Spearman 相关性分析

	1	2	3	4	5	6	7	8	9	10	11	12	13	14	15	16	17	18
1. PU	1.000																	
2. IR	-0.086	1.000																
3. R1	-0.273**	-0.053	1.000															
4. R2	-0.231*	-0.063	0.789**	1.000														
5. R3	-0.228*	-0.027	0.712**	0.876**	1.000													
6. PoliticalCon	-0.149	0.019	0.403**	0.380**	0.394**	1.000												
7. Expertise	0.091	-0.093	0.415**	0.362**	0.420**	0.440**	1.000											
8. Tenure	0.029	0.045	0.277**	0.270**	0.212*	0.066	0.017	1.000										
9. Education	-0.155	0.009	0.344**	0.392**	0.435**	0.134	0.231*	0.110	1.000									
10. SocialNet	0.008	0.042	0.082	0.099	0.182*	0.345**	0.258**	0.103	0.055	1.000								
11. Duality	0.181*	0.041	-0.114	-0.081	0.031	0.111	0.047	0.060	-0.082	0.172	1.000							
12. Salaryratio	0.203*	-0.072	-0.228	-0.160	-0.103	-0.078	-0.182*	0.067	-0.193*	0.026	0.184*	1.000						
13. Age	0.068	0.109	-0.045	-0.040	-0.068	0.066	0.109	0.016	-0.172	0.007	0.205*	0.103	1.000					

第六章 "窗口指导"重启阶段 CEO 特征对 IPO 定价调整及短期表现的影响

续表

	1	2	3	4	5	6	7	8	9	10	11	12	13	14	15	16	17	18
14. Ownership	0.163	0.027	-0.090	-0.081	-0.081	-0.007	-0.097	-0.056	-0.154	-0.035	0.352**	0.039	0.109	1.000				
15. Log (media)	-0.199*	0.063	0.057	0.007	0.009	0.101	-0.011	0.114	0.053	0.050	0.343**	0.015	0.038	0.257**	1.000			
16. Dratio	-0.096	0.069	-0.159	-0.166	-0.173	-0.017	-0.089	-0.164	-0.107	0.010	-0.035	0.008	-0.024	-0.139	0.169	1.000		
17. ROA	0.289**	-0.006	-0.221*	-0.145	-0.118	-0.239**	-0.198*	0.038	-0.074	-0.145	0.232*	0.034	-0.064	0.303**	-0.024	-0.211**	1.000	
18. Underwriter	0.038	0.121	-0.071	-0.043	-0.030	-0.084	-0.184*	-0.174	0.117	-0.030	0.011	-0.232*	0.050	0.010	0.074	0.023	0.047	1.000
Turnover0	0.311**	0.138	-0.215	-0.227	-0.073	0.108	-0.073	-0.117	-0.086	0.176	-0.001	0.098	-0.041	0.031	-0.207*	0.043	0.063	0.056
Turnover1	0.074	0.031	0.001	-0.073	-0.112	0.078	-0.060	-0.142	-0.046	-0.003	-0.039	0.075	-0.137	0.021	-0.070	0.029	-0.027	0.063
Turnover2	0.013	0.064	0.208*	0.332**	0.193*	0.220*	0.031	-0.094	0.027	0.096	-0.084	-0.011	-0.080	0.045	-0.086	0.061	-0.248**	0.014
Turnover3	0.010	0.021	0.260**	0.401**	0.314**	0.210*	0.084	-0.055	0.039	0.096	-0.034	0.003	-0.112	0.078	-0.089	0.071	-0.275**	-0.056
Volatility0	-0.142	0.301**	0.012	0.049	0.058	0.084	0.027	-0.055	0.045	-0.050	-0.072	-0.080	0.131	-0.033	0.104	-0.020	0.034	0.128
Volatility1	0.194*	0.012	-0.404**	-0.398**	-0.482**	-0.326**	-0.182*	-0.282**	-0.291**	-0.080	0.021	0.041	0.023	0.066	-0.076	0.224*	-0.081	-0.039
Volatility2	0.025	-0.040	0.366**	0.161	0.004	0.065	0.135	-0.073	-0.069	-0.004	-0.108	-0.129	0.049	0.018	-0.016	0.110	-0.307**	-0.092
Volatility3	0.079	-0.091	0.400**	0.327**	0.113	0.105	0.143	0.046	-0.019	-0.056	-0.203**	-0.049	0.032	-0.018	-0.092	0.137	-0.359**	-0.154

短期收益率。最后,其他解释变量和控制变量之间的相关系数都比0.5要小,说明这些变量之间不存在严重的多重共线性问题。

三、多元回归分析

表6-5到表6-8报告了多元回归分析结果,即在2014年6月至2017年4月"窗口指导"重启阶段CEO特征对IPO定价调整以及短期表现的影响结果。这一阶段的政策法规严格限制了市盈率以及首个交易日的交易最高价,结果CEO对新股价格调整过程以及首日收益率的影响也受到了严格的限制。表6-5中回归模型(1)的结果验证了假设6.1,即在重启"窗口指导"政策之后,CEO的特征包括政府从业经历、专业职称、任期和教育水平与定价调整幅度间不存在显著的影响关系。回归模型(2)的结果表明首个交易日的价格限制使CEO特征无法影响首日收益率。

表6-5 回归分析结果:CEO特征对定价调整和首日收益率的影响

	Price revision (1)	Initial Return (2)
Price revision		-0.00 (-0.96)
PoliticalCon	-0.06 (-0.91)	0.00 (0.05)
Tenure	0.01 (0.71)	0.00 (0.48)
Expertise	0.01 (0.20)	-0.00 (-0.64)
Education	-0.03 (-0.65)	0.00 (0.34)
SocialNet	0.05 (0.92)	0.00 (0.73)
Duality	0.03 (0.51)	-0.00 (-0.18)
SalaryRatio	0.41 (1.44)	-0.00 (-0.49)

续表

	Price revision (1)	Initial Return (2)
Age	0.00 (1.13)	0.00 (1.33)
Ownership	-0.01 (-0.11)	0.00 (0.28)
Log (Media)	-0.03 (-1.64)	-0.00 (-0.48)
DRatio	0.21 (1.23)	0.00 (1.80)
ROA	1.68*** (2.71)	0.00 (1.28)
Underwriter rank	0.01 (0.24)	0.00 (0.68)
Turnover		0.01 (1.06)
Volatility	0.00	(0.08)
Intercept	-0.51* (-1.76)	0.44*** (126.84)
No. of Obs.	120	120
Adjusted R^2	0.01	-0.08

表6-6 回归分析结果：CEO特征对1个月收益率的影响

	R1			
	(3a)	(3b)	(3c)	(3d)
Price revision		-0.14 (-0.65)		-0.15 (-0.71)
Initial return			-64.60 (-0.27)	-86.77 (-0.36)
PoliticalCon	0.41* (1.81)	0.41* (1.77)	0.41* (1.79)	0.41* (1.77)
Tenure	0.10** (2.37)	0.11** (2.46)	0.10** (2.40)	0.11** (2.49)

续表

	R1			
	(3a)	(3b)	(3c)	(3d)
$Expertise$	0.33*	0.33*	0.33*	0.33*
	(1.87)	(1.86)	(1.83)	(1.81)
$Education$	0.11	0.10	0.11	0.11
	(0.71)	(0.63)	(0.69)	(0.65)
$SocialNet$	-0.27	-0.27	-0.27	-0.26
	(-1.59)	(-1.57)	(-1.56)	(-1.52)
$Duality$	-0.25	-0.27	-0.26	-0.27
	(-1.35)	(-1.41)	(-1.38)	(-1.41)
$SalaryRatio$	-0.93	-0.90	-0.96	-0.96
	(-1.08)	(-1.04)	(-1.11)	(-1.10)
Age	-0.01	-0.01	-0.01	-0.01
	(-1.06)	(-0.97)	(-1.01)	(-0.91)
$Ownership$	0.59	0.64	0.60	0.64
	(1.57)	(1.64)	(1.57)	(1.62)
$Log(Media)$	-0.01	-0.01	-0.01	-0.01
	(-0.21)	(-0.25)	(-0.22)	(-0.22)
$DRatio$	-1.47**	-1.43**	-1.44**	-1.40**
	(-2.54)	(-2.43)	(-2.45)	(-2.35)
ROA	-6.97***	-6.55***	-6.93***	-6.45***
	(-3.75)	(-3.34)	(-3.70)	(-3.28)
$Underwriter\ rank$	-0.01	-0.01	-0.01	-0.00
	(-0.09)	(-0.08)	(-0.06)	(-0.05)
$Turnover$	-0.11	-0.11	-0.12	-0.11
	(-1.62)	(-1.54)	(-1.63)	(-1.52)
$Volatility$	-36.42***	-37.00***	-36.43***	0.64
	(-7.17)	(-6.95)	(-7.14)	(-6.94)
Intercept	6.32***	6.18***	34.74	44.30
	(6.59)	(6024)	(0.33)	(0.42)
No. of Obs.	120	120	120	120
Adjusted R^2	0.37	0.35	0.35	0.35

表6-7　回归分析结果：CEO特征对2个月收益率的影响

	R2			
	(4a)	(4b)	(4c)	(4d)
Price revision		-0.52** (-2.48)		-0.53** (-2.47)
Initial return			10.53 (0.04)	-75.99 (-0.32)
PoliticalCon	0.47** (2.10)	0.40* (1.88)	0.47** (2.08)	0.41* (1.90)
Tenure	0.07* (1.79)	0.09** (2.37)	0.07* (1.76)	0.09** (2.35)
Expertise	0.43** (1.29)	0.39** (2.18)	0.43** (2.27)	0.38** (2.12)
Education	0.47*** (2.83)	0.46*** (2.94)	0.47*** (2.80)	0.46*** (2.93)
SocialNet	-0.15 (-0.84)	-0.12 (-0.75)	-0.15 (-0.83)	-0.12 (-0.71)
Duality	-0.02 (-0.09)	0.03 (0.14)	-0.02 (-0.09)	0.03 (0.17)
SalaryRatio	-0.64 (-0.72)	-0.59 (-0.70)	-0.64 (-0.71)	-0.62 (-0.73)
Age	-0.01 (-0.43)	-0.01 (-0.65)	-0.01 (-0.42)	-0.01 (-0.62)
Ownership	-0.31 (-0.78)	-0.20 (-0.52)	-0.31 (-0.77)	-0.21 (-0.53)
Log (Media)	0.04 (0.73)	0.05 (0.90)	0.04 (0.73)	0.05 (0.89)
DRatio	-0.88 (-1.48)	-0.77 (-1.35)	-0.88 (-1.46)	-0.74 (-1.28)
ROA	0.21 (0.10)	0.81 (0.40)	0.21 (0.10)	0.86 (0.42)
Underwriter rank	-0.09 (-0.89)	-0.12 (-1.25)	-0.09 (-0.88)	-0.12 (-1.20)

续表

	R2			
	(4a)	(4b)	(4c)	(4d)
Turnover	0.18***	0.18***	0.18***	0.18***
	(4.19)	(4.51)	(4.16)	(4.45)
Volatility	0.05	0.63	0.10	-10.07*
	(0.09)	(0.01)	(0.09)	(0.02)
Intercept	0.47	0.43	-4.16	33.84
	(0.42)	(0.40)	(-0.04)	(0.33)
No. of Obs.	120	120	120	120
Adjusted R^2	0.22	0.24	0.21	0.23

表6-8 回归分析结果：CEO特征对3个月收益率的影响

	R3			
	(5a)	(5b)	(5c)	(5d)
Price revision		-0.30		-0.30
		(-1.40)		(-1.37)
Initial return			122.31	98.97
			(0.53)	(0.43)
PoliticalCon	0.79***	0.75***	0.76***	0.72***
	(3.84)	(3.61)	(3.66)	(3.46)
Tenure	0.09**	0.09**	0.09**	0.09**
	(2.21)	(2.36)	(2.15)	(2.31)
Expertise	0.51***	0.49***	0.51***	0.49***
	(2.95)	(2.80)	(2.94)	(2.79)
Education	0.51***	0.50***	0.51***	0.49***
	(3.39)	(3.25)	(3.32)	(3.21)
SocialNet	0.01	0.02	0.00	0.02
	(0.05)	(0.12)	(0.02)	(0.09)
Duality	0.06	0.06	0.06	0.06
	(0.31)	(0.33)	(0.30)	(0.31)
SalaryRatio	-0.14	-0.11	-0.10	-0.07
	(-0.17)	(-0.14)	(-0.12)	(-0.08)

续表

	R3			
	(5a)	(5b)	(5c)	(5d)
Age	-0.01	-0.01	-0.01	-0.01
	(-0.64)	(-0.56)	(-0.64)	(-0.56)
Ownership	-0.00	0.04	-0.01	0.03
	(-0.01)	(0.11)	(-0.04)	(0.08)
Log(Media)	0.01	0.01	0.01	0.02
	(0.19)	(0.22)	(0.26)	(0.30)
DRatio	-1.28**	-1.22**	-1.33**	-1.26**
	(-2.33)	(-2.18)	(-2.36)	(-2.21)
ROA	-0.91	-0.12	-0.91	-0.12
	(-0.49)	(-0.06)	(-0.48)	(-0.06)
Underwriter rank	-0.09	-0.09	-0.10	-0.10
	(-0.93)	(-0.97)	(-1.00)	(-1.03)
Turnover	0.10***	0.10***	0.10***	0.10***
	(3.60)	(3.62)	(3.68)	(3.70)
Volatility	-10.07*	-8.80	-10.10*	-8.81
	(-1.73)	(-1.46)	(-1.72)	(-1.45)
Intercept	1.31	1.07	-52.52	-42.50
	(1.32)	(1.05)	(-0.52)	(-0.42)
No. of Obs.	120	120	120	120
Adjusted R^2	0.28	0.28	0.28	0.28

表6-6、表6-7和表6-8中的回归模型（3）、（4）和（5）描述了在"窗口指导"重启阶段CEO特征对1个月、2个月及3个月收益率的影响。有几点结果值得注意。

第一，CEO的政府从业经历、CEO的专业职称、CEO的任期均对1个月、2个月及3个月收益率有显著的正向影响，CEO的教育水平则对2个月及3个月收益率有显著的正向影响，这些结果支持了假设6.2。也许公众投资者需要一段时间来判断CEO的教育水平对股票价格的影响。政策的实行使得首日收益率被严重抑制，而1个月、2个月及3个月收益率可以根据市场力量自由波动并且反映了与公司估值相关的重要的基础信息。因此，这些结果表明公司 CEO 的政府从业经历、CEO 的专业职称、CEO 的任期以及 CEO 的教育水平是公众投资者在对公司进行估值时所依据的重要因素。

第二，定价调整幅度与短期收益率负相关，这个结果说明 1 个月、2 个月及 3 个月收益率和定价调整变化的方向相反。发行价格过低，较小的定价调整幅度无法反映公司的真实价值，因此短期收益率反向变化得越高，说明新股发行的定价过程已经被政策法规严重制约、扭曲。

第三，首日收益率与短期收益率不存在显著的相关性，这个结果和前一阶段的结果不一致。在这个阶段，1 个月、2 个月及 3 个月收益率持续为正且较大（大于 160%），说明在首日收益率被限制在 44% 以内的条件下，公众投资者在首个交易日被忽略的极大的需求量在后面几个月得到逐渐释放。

第四，资产负债率与短期收益率负相关，这个结果与前一阶段的结果相反，说明这个阶段出现了信贷紧缩的情况。资产负债率与短期收益率负相关说明越多的负债使企业承受越大的偿债压力，从而对股价产生负面影响。资产收益率与一个月收益率呈负相关，可能是因为投资者将价格向下调整以反映在早期定价调整过程中定价过高的现象，在 1 个月收益率中进行调整后，2 个月收益率和 3 个月收益率和资产收益率不再存在显著的相关性。盈利能力与收益率相关性的消失再次反映了投资者的投机性，他们在估值过程中寻找其他与利润无关的因素。换手率和 2 个月收益率及 3 个月收益率呈显著的正相关关系，和"窗口指导"取消阶段的结果一致，说明高频率的交易可以抬升股票价格。波动率和 1 个月收益率及 3 个月收益率呈负相关，说明市场的投资氛围浓厚从而导致短期收益率出现了下滑趋势，这一结果与人们的一般预期相矛盾，即更高的波动性可能会带来更高的回报，从而吸引投资者的兴趣。

第四节 两阶段"窗口指导"政策下 CEO 特征对 IPO 定价调整及短期表现影响的对比分析

在中国 IPO 市场两阶段不同的政策背景下，CEO 作为发行人的重要决策制定者对 IPO 定价调整过程以及公司上市后的短期收益率具有不可忽视的影响。在第一个阶段，也就是"窗口指导"取消阶段，没有发行市盈率约束定价调整，也没有对首日收益率的限制，监管者给予了公司在制定发行价格方面充分的自由，但最终结果显示市场上出现了大批定价过高的股票。这个阶段，首日收益率仍然被部分 CEO 特征指标所影响，同时换手率仍然是影响短期收益率的重要因素。CEO 们在发行价格制定方面比较激进，同时在首个交易日中市场又加剧了这种过高的估价趋势，在此之后投资者别无办法只能大力压低股票价格，导致二级市场上股票价格暴跌，最终导致政府暂停新股发行市场的发行。

在第二个阶段即"窗口指导"重启阶段，政府再次启动对发行市盈率的限制以遏制新股发行市场上定价过高的现象，这个政策将市盈率限制到了比 2009 年之前更窄的范围即 23 倍以内，从而引发了更加严重的抑价现象。重新启动的约束政策严重地制约了 CEO 特征对 IPO 定价调整过程的影响，因此扭曲了 CEO 在价格制定中起到的作用。CEO 特征的影响只能在二级市场上得到体现，从而影响新股上市后的股票价格波动。

CEO 的政府从业经历、CEO 的专业职称、CEO 的任期以及 CEO 的教育水平对我国中小板公司 IPO 的发行价格以及短期收益率都有显著的正向影响，说明 CEO 的这些特征能够赋予他们更强的议价能力去提高发行价格，而且市场认可 CEO 的这些特征并在对公司估值时考虑相关因素。也就是说，CEO 特征在公司内部以及外部为他们刻画了一个更加可信的形象，成为影响新股定价的关键因素。

实证结果说明 CEO 普遍具有较高的投机性，当市场环境相对自由的时候，CEO 倾向于为公司股票制定过高的发行价格，那么二级市场就会降低新股的价格使其恢复到符合公司价值的水平，这会导致投资者对新股发行市场失去投资兴趣。另外，"窗口指导"取消阶段的上市后首个交易日的收益率说明投资者也有很强的投机性，他们在首日交易中抬高本来就已经很高的发行价格，过高的价格导致后来政府暂停了新股发行市场。由此可见，证监会的"窗口指导"政策并没有解决新股定价过高的问题，未来的政策需要从发行人以及投资者强烈的投机性角度来研究如何进行合理定价的问题。

第五节　本章小结

本章实证检验了 2014 年 6 月到 2017 年 4 月新股体制改革"窗口指导"重启阶段 CEO 特征对 IPO 定价调整及短期收益的影响。2014 年 6 月之后，中国证监会试图通过重新限制 IPO 定价来解决价格过高的问题，甚至比 2009 年之前监管规定的市盈率更低。在这种监管制度下，CEO 对 IPO 定价调整幅度的影响消失，因为限制性定价政策导致 IPO 严重抑价，使得首席执行官的特征在定价调整过程中没有发挥作用的空间，只有在 IPO 公开交易后，市场才会认识到 CEO 特征在 IPO 定价中的重要性。CEO 的专业职称、CEO 更长的任期和 CEO 更高的教育水平对发行价格和短期收益率会产生积极影响。

第七章 结 论

IPO 的定价是监管层、发行人、承销商以及投资者参与的多方博弈，而新股上市后的表现则折射了投资者对公司价值的判断，IPO 的整个过程涉及多方利益角逐，一直是市场以及学者的研究重点。新股的定价调整过程与多种因素相关，然而现有的文献对 IPO 的研究分析主要集中在投资者以及承销商这类主体上，缺乏对发行人这一行为主体的研究。因此，本研究从行为金融学角度入手，将 CEO 引入 IPO 定价调整及短期表现的研究中来，分析两阶段"窗口指导"政策下 CEO 的特征从哪些途径影响了 IPO 的定价，对 IPO 定价调整以及短期表现产生了怎样的影响。本书研究了 IPO 定价调整的研究视角，从 CEO 的角度出发进行研究，不仅给一级市场参与者提供了更多思路，也给监管层提高新股定价效率提供了突破线索。本书主要的创新点和结论体现在以下几个方面。

第一，拓展了 IPO 研究的视角，从发行人微观治理结构中挑选具有代表性的人物 CEO 的特征作为切入点，以行为金融学理论为支撑分析了我国新股体制改革背景下 CEO 对 IPO 的影响。

以往对 IPO 定价调整的研究主要集中在承销商和投资者的角度，对发行人的研究主要是分析其财务报表等经营数据对 IPO 定价调整的影响，然而发行人在新股发行过程中的地位不言而喻，Ljungqvist（2006）肯定了发行人在新股定价中的重要地位，同时也指出发行人的议价能力难以衡量。本书选择了发行人的核心权力掌控者 CEO 作为研究对象来研究其对 IPO 定价调整的影响，从行为金融学的角度展开研究 CEO 的特征是如何影响 IPO 过程的，从而使 IPO 研究视角得以扩展。

第二，构建了无"窗口指导"约束定价机制下 CEO 特征影响 IPO 定价调整过程的理论框架，验证了 CEO 特征对新股的定价调整幅度存在显著性影响，但其影响会受到监管政策的严重扭曲。

在无"窗口指导"约束的定价机制下，发行人 CEO 拥有足够的定价空间和影响力，文化价值理论和高阶梯队理论为 CEO 的影响力提供了基础的理论依据，文化价值理论从社会文化层面解释了我国 CEO 在企业组织内部拥有极高地位和极大权利的原因。高阶梯队理论则将以往人们对经济技术的关注聚焦到了人为因素对管理的影响上来，解释了 CEO 特征能够影响 IPO 过程的原因。在文化价值理论和高阶梯队理论的基础上，禀赋效应理论阐释了 CEO 倾向于提高发行价格的原因。前景理论和心理账户理论则进一步提供了 CEO 提高发行价格的理论依据。在禀赋效应的影响之下，CEO 会以初始价格为基础制定更高的发行价格，以弥补即将失去部分股权而带来的损失，发行价格的不确定性以及发行人和投资者的强烈交易愿望也会促使 CEO 被禀赋效应所影响。前景理论和心理账户理论认为 CEO 会将初始价格看作衡量新股发行损益的"参考点"，CEO 会将新股发行时发行价格超过"参考点"初始价格的部分看作此次发行的收益，而将新股发行定价过高之后在二级市场上可能产生的股价跌破发行价的部分看作此次发行的损失。发行人将会综合这两者考虑可能产生的财富的收益或损失，只要新股发行上市首日的收盘价比招股说明书申报稿中的初始价格高，发行人 CEO 就会尽可能地提高公司的发行价格。这个阶段的实证研究表明 CEO 的政府从业经历、专业职称、任期以及教育水平对我国中小板公司 IPO 的发行价格以及短期收益率都有显著的正向影响，说明 CEO 的这些特征能够赋予他们更强的议价能力去提高发行价格，而且市场认可 CEO 的这些特征并在对公司估值时考虑相关因素。

第三，构建了有"窗口指导"约束定价机制下 CEO 特征影响 IPO 短期表现的理论框架，验证了 CEO 特征对新股上市后的短期表现存在显著性影响。

在有"窗口指导"约束的定价机制下，CEO 特征无法被纳入一级市场新股定价调整过程,因此 CEO 特征只能通过信号传递给二级市场投资者,从而影响二级市场上公司的股票价格。在这个阶段,"窗口指导"政策再次启动以遏制新股发行市场上定价过高的现象,这个政策将市盈率限制到了比 2009 年之前更窄的范围即 23 倍以内,从而再次引发了严重的抑价现象。重新启动的约束政策严重制约了 CEO 特征对 IPO 定价调整过程的影响,扭曲了 CEO 在价格制定中起到的作用,CEO 特征的影响只能在二级市场上得到体现。

结合现在的研究成果以及现存的研究问题,未来的研究展望如下。

一是,可以通过其他数据收集方式进一步获取 CEO 相关的信息。本书尝试获取的媒体曝光量就是一种方式,但媒体曝光量仍然可以继续挖掘其内容,比如采用内容分析的方法,对具体的媒体报道信息进行分解分析;CEO 的路演推介视频或者媒体采访视频的内容也能传递公司的价值和形象,可以通过专家打分法获取他们在观看视频后对 CEO 表现的评价以及公司价值的评估;向 CEO 本人以及同僚或下属发放调查问卷也能获得 CEO 相关信息。

二是,CEO 动态信息对股票二级市场股价表现的影响。可以在未来的研究中结合数据挖掘等技术,从媒体新闻以及网络议论热度等方面入手,分析 CEO 相关新闻对二级市场股价表现的影响。

参考文献

[1] Blankespoor E, Hendricks B E, Miller G S. Perceptions and Price: Evidence from CEO Presentations at IPO Roadshows [J]. Journal of Accounting Research, 2017, 55 (2): 275 –327.

[2] Guo, H. F., Wang, T., Li, Y., & Fung, H. G.. Challenges to China's New Stock Market for Small and Medium – size Firms: Trading Price Falls Below the IPO Price [J]. Technological and Economic Development of Economy, 2013, 19: 409 –424.

[3] Su, C., & Brookfield, D. An Evaluation of the Impact of Stock Market Reforms on IPO Under – pricing in China: The Certification Role of Underwriters [J]. International Review of Financial Analysis, 2013, 28: 20 – 33.

[4] Loughran, T., & McDonald, B. IPO First – day Returns, Offer Price Revisions, Volatility, and Form S – 1 Language [J]. Journal of Financial Economics, 2013, 109 (2): 307 –326.

[5] Lowry, M., & Schwert, G. W. Is the IPO Pricing Process Efficient [J]. Journal of Financial Economics, 2004, 71 (1): 3 –26.

[6] Kim, K. H., Al – Shammari, H. A., Kim, B., & Lee, S. H. CEO duality Leadership and Corporate Diversification Behavior [J]. Journal of Business Research, 2009, 62 (11): 1173 –1180.

[7] Wang, C. S., Tang, H. W., & Chen, R. C. Does IPO Subscription Demand affect Investor Herd Behavior in Taiwan [J]. International Re-

view of Economics & Finance, 2017, 51: 258 - 272.

[8] Hofstede, G. Problems Remain, but Theories will Change: The Universal and the Specific in 21st - century Global Management [J]. Organizational Dynamics, 1999, 28 (1): 34 - 44.

[9] Mooij, M., & Hofstede, G. Convergence and Divergence in Consumer Behavior: Implications for International Retailing [J]. Journal of Retailing, 2002, 78 (1): 61 - 69.

[10] Bihua Z. Regional Distribution of College Enrollment in China under a Multiple - principal Framework [J]. International Review of Economics & Finance, 2018, 57: 122 - 133.

[11] Bochner S, Hesketh B. Power Distance, Individualism/Collectivism, and Job - related Attitudes in a Culturally Diverse Work Group [J]. Journal of Cross - cultural Psychology, 1994, 25 (2): 233 - 257.

[12] Hofstede G, Bond M H. Hofstede's Culture Dimensions: An Independent Validation using Rokeach's Value Survey [J]. Journal of Cross - cultural Psychology, 1984, 15 (4): 417 - 433.

[13] Wu L Z, Kwan H K, Yim F H, et al. CEO Ethical Leadership and Corporate Social Responsibility: A Moderated Mediation Model [J]. Journal of Business Ethics, 2015, 130 (4): 819 - 831.

[14] Olie R, Van Iterson A, Simsek Z. When do CEOs Versus top Management Teams Matter in Explaining Strategic Decision - making Processes? Toward an Institutional View of Strategic Leadership Effects [J]. International Studies of Management & Organization, 2012, 42 (4): 86 - 105.

[15] Fahlenbrach R. Founder - CEOs, Investment Decisions, and Stock Market Performance [J]. Journal of Financial and Quantitative Analysis, 2009, 44 (2): 439 - 466.

[16] Jenter D, Lewellen K. CEO Preferences and Acquisitions [J]. The

Journal of Finance, 2015, 70 (6): 2813 - 2852.

[17] Tan M, Liu B. CEO's Managerial Power, Board Committee Memberships and Idiosyncratic Volatility [J]. International Review of Financial Analysis, 2016, 48: 21 - 30.

[18] Bamford C E, Bruton G D, Hinson Y L. Founder/chief Executive Officer exit: a Social Capital Perspective of New Ventures [J]. Journal of Small Business Management, 2006, 44 (2): 207 - 220.

[19] Ljungqvist A, Nanda V, Singh R. Hot Markets, Investor Sentiment, and IPO Pricing [J]. Journal of Business, 2006, 79 (4): 1667 - 1702.

[20] Chiao Y C, Yang K P, Yu C M J. Performance, Internationalization, and Firm - specific Advantages of SMEs in a Newly - industrialized Economy [J]. Small Business Economics, 2006, 26 (5): 475 - 492.

[21] Ren S, Eisingerich A B, Tsai H T. How do Marketing, Research and Development Capabilities, and Degree of Internationalization Synergistically Affect the Innovation Performance of Small and Medium - sized Enterprises (SMEs)? A Panel Data Study of Chinese SMEs [J]. International Business Review, 2015, 24 (4): 642 - 651.

[22] Hambrick D C, Mason P A. Upper Echelons: The Organization as a Reflection of Its Top Managers [J]. Social Science Electronic Publishing, 1982, 9 (2): 193 - 206.

[23] Finkelstein S, Hambrick D C. Strategic Leadership: Top Executives and Their Effects on Organizations [M]. South - Western Pub, 1996.

[24] Carpenter M A, Geletkanycz M A, Sanders W G. Upper Echelons Research Revisited: Antecedents, Elements, and Consequences of top Management Team Composition [J]. Journal of Management, 2004, 30 (6): 749 - 778.

[25] Hambrick D C. Upper Echelons Theory: An Update [J]. Academy of

Management review, 2007, 32 (2): 334-343.

[26] Maak T, Pless N M, Voegtlin C. Business Statesman or Shareholder Advocate? CEO Responsible Leadership Styles and the Micro-Foundations of Political CSR [J]. Journal of Management Studies, 2016, 53 (3): 463-493.

[27] Carpenter M A, Fredrickson J W. Top Management Teams, Global Strategic Posture, and the Moderating role of Uncertainty [J]. Academy of Management Journal, 2001, 44 (3): 533-545.

[28] 黎海珊, 叶建光, 王聪. 高管性别, 过度自信与投资决策关系的实证研究 [J]. 财经纵横, 2014, (18): 158-162.

[29] 秦双全, 辛明磊, 熊朝晖. 高管团队能力与企业绩效间关系的实证分析——考虑CEO社会资本的调节作用 [J]. 技术经济, 2014, 33 (6): 117-123.

[30] 朱大鹏, 孙兰兰. CFO背景特征、高管激励与营运资金管理绩效 [J]. 会计之友, 2015, (5): 23-27.

[31] Huang S K. The Impact of CEO Characteristics on Corporate Sustainable Development [J]. Corporate Social Responsibility and Environmental Management, 2013, 20 (4): 234-244.

[32] 蒋尧明, 章丽萍. 中小企业高层管理者特征与企业可持续增长——基于管理防御理论的分析武汉 [J]. 经济评论, 2012, (5): 69-77.

[33] 刘杏, 马超群, 姚铮. CEO基本特征对企业业绩-风险关系的影响——基于我国中小企业板上市公司的实证研究 [J]. 经济管理, 2014, (11): 134-143.

[34] Belghitar Y, Clark E A. The Effect of CEO Risk Appetite on Firm Volatility: An Empirical Analysis of Financial Firms [J]. International Journal of the Economics of Business, 2012, 19 (2): 195-211.

[35] Hirshleifer D, Low A, Teoh S H. Are Overconfident CEOs Better Inno-

vators？［J］. The Journal of Finance，2012，67（4）：1457－1498.

［36］康艳玲，黄国良，陈克兢. 高管特征对研发投入的影响——基于高技术产业的实证分析［J］. 科技进步与对策，2011（8）：147－151.

［37］柳雅君. CEO 背景特征与现金股利研究——基于管理防御视角［J］. 会计之友，2012，（16）：93－95.

［38］Ling Y A N，Simsek Z，Lubatkin M H，et al. Transformational Leadership's Role in Promoting Corporate Entrepreneurship：Examining the CEO－TMT Interface［J］. Academy of Management Journal，2008，51（3）：557－576.

［39］Liu A X，Liu Y，Luo T. What Drives a Firm's Choice of Product Recall Remedy？The Impact of Remedy Cost，Product Hazard，and the CEO ［J］. Journal of Marketing，2016，80（3）：79－95.

［40］徐静. 高管团队异质性调节作用下 CEO 背景对营运资本融资风险的影响研究［D］. 长沙：湖南大学，2014：13－18.

［41］方强. 高管团队管理能力与 IPO 抑价关系的博弈分析［J］. 企业经济，2014，（9）：54－57.

［42］邵才捷. 公司高管团队质量与 IPO 抑价关系［D］. 上海：复旦大学，2010：17－23.

［43］Chemmanur T J，Paeglis I. Management Quality，Certification，and Initial Public Offerings［J］. Journal of Financial Economics，2005，76（2）：331－368.

［44］Agarwal，Richard Taffler，Mike Brown. Is Mangaement Quality Value Relevant？［R］. Working Paper，2007.

［45］梁彤缨. 高管团队管理能力与 IPO 抑价关系的实证研究——来自中小企业板的经验数据分析［A］//中国管理现代化研究会. 第三届，（2008）中国管理学年会——创业与中小企业管理分会场论文集. 中国管理现代化研究会，2008：12.

[46] Baron D P. A Model of the Demand for Investment Banking Advising and Distribution Services for New Issues [J]. The Journal of Finance, 1982, 37 (4): 955-976.

[47] Adams R B, Ferreira D. Women in the Boardroom and Their Impact on Governance and Performance [J]. Journal of Financial Economics, 2009, 94 (2): 291-309.

[48] Hanley K W. The Underpricing of Initial Public Offerings and the Partial Adjustment Phenomenon [J]. Journal of Financial Economics, 1993, 34 (2): 231-250.

[49] Boeh K K, Dunbar C. Underwriter Deal Pipeline and the Pricing of IPOs [J]. Journal of Financial Economics, 2016, 120 (2): 383-399.

[50] Lowry M, Schwert G W. Is the IPO Pricing Process Efficient? [J]. Journal of Financial Economics, 2004, 71 (1): 3-26.

[51] Benveniste L M, Spindt P A. How Investment Bankers Determine the Offer Price and Allocation of New Issues [J]. Journal of Financial Economics, 1989, 24 (2): 343-361.

[52] Derrien F. IPO Pricing in "hot" Market Conditions: Who Leaves Money on the Table? [J]. The Journal of Finance, 2005, 60 (1): 487-521.

[53] 蔡向辉, 刘锋. 股指期货宏观稳定作用的微观基础探究——基于沪深300指数期货抑制股市正反馈交易的实证检验 [J]. 证券市场导报, 2014 (12): 20-25.

[54] Ritter J R. The Long-run Performance of Initial Public Offerings [J]. The Journal of Finance, 1991, 46 (1): 3-27.

[55] Brau J C, Couch R B, Sutton N K. The Desire to Acquire and IPO Long-run Underperformance [J]. Journal of Financial and Quantitative Analysis, 2012, 47 (3): 493-510.

[56] Brav A, Geczy C, Gompers P A. Is the Abnormal Return Following Eq-

uity Issuances Anomalous? [J]. Journal of Financial Economics, 2000, 56 (2): 209 -249.

[57] Mudambi R, Mudambi S M, Khurshed A, et al. Multinationality and the performance of IPOs [J]. Applied Financial Economics, 2012, 22 (10): 763 -776.

[58] Bergström C, Nilsson D, Wahlberg M. Underpricing and Long – run Performance Patterns of European Private – equity – backed and Non – private – equity – backed IPOs [J]. The Journal of Private Equity, 2006, 9 (4): 16 -47.

[59] Michel J S. Return on Recent VC Investment and Long – Run IPO Returns [J]. Entrepreneurship Theory and Practice, 2014, 38 (3): 527 -549.

[60] Ibbotson R G, Sindelar J L, Ritter J R. Initial Public Offerings [J]. Journal of Applied Corporate Finance, 1988, 1 (2): 37 -45.

[61] Reilly, F. K. Further Evidence on Short – run Results for New Issue Investors. Journal of Financial and Quantitative Analysis, 1973, 8 (1): 83 -90.

[62] McDonald, J. G., & Fisher, A. K. New – issue Stock Price Behavior [J]. The Journal of Finance, 1972, 27 (1): 97 -102.

[63] Logue, D. E. Premia on Unseasoned Equity Issues [J]. Journal of Economics and Business, 1973, 25 (3: 133 -141.

[64] Jindal, M. Short Run IPO Performance: An Analysis [J]. International Journal of Management, IT and Engineering, 2015, 5 (3): 13.

[65] Perera, W., Kulendran, N. New Evidence of Short – run Underpricing in Australian IPOs [J]. Investment Management and Financial Innovations, 2016, 13 (2): 99 -108.

[66] Shiller, R. J. Speculative Prices and Popular Models [J]. Journal of Economic Perspectives, 1990, 4 (2): 55 -65.

[67] 于亦文, 杨阳. 短期收益率与限价指令簿信息 [J]. 统计与决策, 2006 (13): 19-21.

[68] Deeds D L, Decarolis D, Coombs J E. The Impact of Firmspecific Capabilities on the Amount of Capital Raised in an Initial Public Offering: Evidence from The Biotechnology Industry [J]. Journal of Business Venturing, 1997, 12 (1): 31-46.

[69] Zimmerman M A, Zeitz G J. Beyond Survival: Achieving New Venture Growth by Building Legitimacy [J]. Academy of Management Review, 2002, 27 (3): 414-431.

[70] 陈伟民. 高层管理团队特征与企业业绩关系理论述评 [J]. 郑州航空工业管理学院学报, 2006, 24 (6): 97-100.

[71] 孙俊华, 贾良定. 高层管理团队与企业战略关系研究述评 [J]. 科技进步与对策, 2009, 26 (9): 150-155.

[72] 陶建宏, 师萍, 段伟宇. 高管层背景特征、企业所有权性质与研发强度关系研究 [J]. 科技管理研究, 2013, 33 (5): 113-118.

[73] 王文俊, 李军. 企业高层管理团队研究述评 [J]. 湖北经济学院学报, 2015 (5): 82-88.

[74] 陈守明, 简涛, 王朝霞. CEO任期与R&D强度: 年龄和教育层次的影响 [J]. 科学学与科学技术管理, 2011, 32 (6): 159-165.

[75] 康华, 王鲁平, 康健. 基于高阶理论的企业家特征与研发支出关系研究 [J]. 经济经纬, 2012 (6): 82-86.

[76] 李四海, 陈旋. 企业家专业背景与研发投入及其绩效研究——来自中国高新技术上市公司的经验证据 [J]. 科学学研究, 2014, 32 (10): 1498-1508.

[77] 陈守明, 戴燚. 高管团队职能背景多样性与企业创新产出间关系——创新关注的中介作用 [J]. 科技进步与对策, 2015 (18): 75-82.

[78] 陈传明, 孙俊华. 企业家人口背景特征与多元化战略选择——基于

中国上市公司面板数据的实证研究 [J]. 管理世界, 2008 (5): 124 - 133.

[79] 陈昀, 贺远琼, 陈向军. TMT 特征对多元化与企业绩效关系的调节效应研究 [J]. 预测, 2011, 30 (1): 10 - 17.

[80] 陈守明, 简涛. 企业家人口背景特征与"走出去"进入模式选择——基于中国制造业上市公司的实证研究 [J]. 管理评论, 2010, 22 (10): 12 - 21.

[81] 顾亮, 张扬, 刘振杰. 银行家个人特征与银行资源配置——基于中国城市商业银行的实证研究 [J]. 金融论坛, 2012 (8): 34 - 43.

[82] 董惠梅. CEO 特性对中小企业国际化绩效影响研究 [J]. 生产力研究, 2013 (11): 153 - 157.

[83] 黄祥芳, 周伟, 张立中. 高管团队特征对企业社会责任的影响——基于农业上市公司的实证研究 [J]. 内蒙古财经大学学报, 2015, 13 (2): 50 - 55.

[84] K Bezrukova, SM Thatcher, KA Jehn, CS Spell. The Effects of Alignments: Exam - ining Group Faultlines, Organizational Cultures, and Performance [J]. Journal of Applied Psychology, 2012, 97 (1): 77 - 92.

[85] Jansen JJ P, Vera D, Crossan M. Strategic Leadership for Exploration and Exploitati - on: the Moderating Role of Environmental Dynamism [J]. Leadership Quarterly, 2009, 14 (1): 5 - 18.

[86] Beladi, H., & Quijano, M. CEO Incentives for Risk Shifting and its Effect on Corporate Bank Loan Cost [J]. International Review of Financial Analysis, 2013, 30: 182 - 188.

[87] Glick, W. H., Miller, C. C., & Huber, G. P. The Impact of Upper - echelon Diversity on Organizational Performance [J]. Organizational change and Redesign: Ideas and Insights for Improving Performance,

1993, 176: 214.

[88] Hambrick, D. C., Mason, P. A. Upper Echelons: The Organization as a Reflection of Its Top Managers [J]. Academy of Management Review, 1984, 9 (2): 193-206.

[89] Ting, I. W. K., Azizan, N. A. B. & Kweh, Q. L. Upper Echelon Theory Revisited: The Relationship between CEO Personal Attributes and Financial Leverage Decision [J]. Procedia - Social and Behavioral Sciences, 2015, 195: 686-694.

[90] Nielsen, S. Top Management Team Diversity: A Review of Theories and Methodologies [J]. International Journal of Management Reviews, 2010, 12 (3): 301-316.

[91] Knetsch J L. The Endowment Effect and Evidence of Nonreversible Indifference Curves [J]. The American Economic Review, 1989, 79 (5): 1277-1284.

[92] Thaler R. Toward a Positive Theory of Consumer Choice [J]. Journal of Economic Behavior & Organization, 1980, 1 (1): 39-60.

[93] Van Boven L, Loewenstein G, Dunning D. Mispredicting the Endowment Effect: Underestimation of Owners' Selling Prices by Buyer'S Agents [J]. Journal of Economic Behavior & Organization, 2003, 51 (3): 351-365.

[94] Knetsch J L, Sinden J A. Willingness to Pay and Compensation Demanded: Experimental Evidence of an Unexpected Disparity in Measures of Value [J]. The Quarterly Journal of Economics, 1984, 99 (3): 507-521.

[95] Hoyer W D, Herrmann A, Huber F. When Buyers also Sell: The Implications of Pricing Policies for Customer Satisfaction [J]. Psychology & Marketing, 2002, 19 (4): 329-355.

[96] Kahneman D, Knetsch J L, Thaler R H. Anomalies: The Endowment

Effect, Loss Aversion, and Status Quo Bias [J]. Journal of Economic Perspectives, 1991, 5 (1): 193 – 206.

[97] Reb J, Connolly T. Possession, Feelings of Ownership, and the Endowment Effect [J]. Judgment and Decision Making, 2007, 2 (2): 107.

[98] Van Dijk E, Van Knippenberg D. Buying and Selling Exchange Goods: Loss Aversion and the Endowment Effect [J]. Journal of Economic Psychology, 1996, 17 (4): 517 – 524.

[99] Mandel D R. Beyond mere Ownership: Transaction Demand as a Moderator of the Endowment Effect [J]. Organizational Behavior and Human Decision Processes, 2002, 88 (2): 737 – 747.

[100] Hanemann W M. Willingness to Pay and Willingness to Accept: how Much Can They Differ? [J]. The American Economic Review, 1991, 81 (3): 635 – 647.

[101] Kahneman D. Prospect Theory: An Analysis of Decisions under Risk [J]. Econometrica, 1979, 47: 278.

[102] Thaler R. Toward a Positive Theory of Consumer Choice [J]. Journal of Economic Behavior & Organization, 1980, 1 (1): 39 – 60.

[103] Thaler R H. Mental Accounting Matters [J]. Journal of Behavioral Decision Making, 1999, 12 (3): 183 – 206.

[104] Shefrin H M, Thaler R H. The Behavioral Life – cycle Hypothesis [J]. Economic Inquiry, 1988, 26 (4): 609 – 643.

[105] Modigliani F, Brumberg R. Utility Analysis and The Consumption Function: An Interpretation of Cross – section Data [J]. Franco Modigliani, 1954 (1): 388 – 436.

[106] Connelly B L, Certo S T, Ireland R D, et al. Signaling Theory: A Review and Assessment [J]. Journal of Management, 2011, 37 (1): 39 – 67.

[107] Spence M. Job Market Signaling [M]. Uncertainty in Economics,

1978: 281 – 306.

[108] Spence M. Signaling in Retrospect and the Informational Structure of Markets [J]. American Economic Review, 2002, 92 (3): 434 – 459.

[109] BliegeBird R, Smith E A, Alvard M, et al. Signaling Theory, Strategic Interaction, and Symbolic Capital [J]. Current Anthropology, 2005, 46 (2): 221 – 248.

[110] Kirmani A, Rao A R. No Pain, no Gain: A Critical Review of the Literature on Signaling Unobservable Product Quality [J]. Journal of Marketing, 2000, 64 (2): 66 – 79.

[111] Ross S A. The Determination of Financial Structure: The Incentive – signalling Approach [J]. The Bell Journal of Economics, 1977, 8 (1): 23 – 40.

[112] Zhang Y, Wiersema M F. Stock Market Reaction to CEO Certification: The Signaling Role of CEO Background [J]. Strategic Management Journal, 2009, 30 (7): 693 – 710.

[113] Higgins M C, Gulati R. Stacking the Deck: The Effects of Top Management Backgrounds on Investor Decisions [J]. Strategic Management Journal, 2006, 27 (1): 1 – 25.

[114] Certo S T. Influencing Initial Public Offering Investors with Prestige: Signaling with Board Structures [J]. Academy of Management Review, 2003, 28 (3): 432 – 446.

[115] Moore C B, Bell R G, Filatotchev I, et al. Foreign IPO Capital Market choice: Understanding the Institutional fit of Corporate Governance [J]. Strategic Management Journal, 2012, 33 (8): 914 – 937.

[116] Baron D P, Holmström B. The Investment Banking Contract for New Issues under Asymmetric Information: Delegation and the Incentive Problem [J]. The Journal of Finance, 1980, 35 (5): 1115 – 1138.

[117] Baron D P. A Model of the Demand for Investment Banking Advising and Distribution Services for New Issues [J]. The Journal of Finance, 1982, 37 (4): 955-976.

[118] Hambrick D C, Fukutomi G D S. The Seasons of a CEO's Tenure [J]. Academy of Management Review, 1991, 16 (4): 719-742.

[119] Brockner J, Rubin J Z. Entrapment in Escalating Commitments [M]. New York: Springer Verlag, 1985.

[120] Salancik G R, Pfeffer J. Effects of Ownership and Performance on Executive Tenure in US Corporations [J]. Academy of Management Journal, 1980, 23 (4): 653-664.

[121] Judge Jr W Q, Dobbins G H. Antecedents and Effects of Outside Director's Awareness of CEO Decision style [J]. Journal of Management, 1995, 21 (1): 43-64.

[122] Ali, A., Zhang, W. CEO Tenure and Earnings Management [J]. Journal of Accounting and Economics, 2015, 59 (1): 60-79.

[123] Chao, C. C., Hu, M., Munir, Q. & Li, T. The Impact of CEO Power on Corporate Capital Structure: New Evidence from Dynamic Panel THRESHOLD analysis [J]. International Review of Economics & Finance, 2017, 51: 107-120.

[124] Smith, D. D., Pennathur, A. K., & Marciniak, M. R. Why do CEOs agree to the Discipline of Dividends? [J]. International Review of Financial Analysis, 2017, 52: 38-48.

[125] Jian, M., Lee, K. W. Does CEO Reputation Matter for Capital Investments? [J]. Journal of Corporate Finance, 2011, 17 (4): 929-946.

[126] Miller, D. Stale in The Saddle: CEO Tenure and the Match between Organization and Environment [J]. Management Science, 1991, 37 (1): 34-52.

[127] Byrd, J., Cooperman, E. S. & Wolfe, G. A. Director Tenure and The Compensation of Bank CEOs [J]. Managerial Finance, 2010, 36 (2): 86 – 102.

[128] Lu, C. S., Chen, A., & Kao, L. How Product Market Competition and Complexity Influence the on – job – learning Effect and Entrenchment Effect of Board Tenure [J]. International Review of Economics & Finance, 2017, 50: 175 – 195.

[129] Belkhir, M. Board of Directors' Size and Performance in the Banking Industry [J]. International Journal of Managerial Finance, 2009, 5 (2): 201 – 221.

[130] Yang Q, Zimmerman M, Jiang C. An Empirical Study of The impact of CEO Characteristics on New Firms' Time to IPO [J]. Journal of Small Business Management, 2011, 49 (2): 163 – 184.

[131] Becker M H. Sociometric Location and Innovativeness: Reformulation and Extension of The Diffusion Model [J]. American Sociological Review, 1970, 35 (2): 267 – 282.

[132] Kimberly J R, Evanisko M J. Organizational Innovation: The Influence of Individual, Organizational, and Contextual Factors on Hospital Adoption of Technological and Administrative Innovations [J]. Academy of Management Journal, 1981, 24 (4): 689 – 713.

[133] Hitt M A, Tyler B B. Strategic Decision Models: Integrating Different Perspectives [J]. Strategic Management Journal, 1991, 12 (5): 327 – 351.

[134] Wally S, Baum J R. Personal and Structural Determinants of the Pace of Strategic Decision Making [J]. Academy of Management Journal, 1994, 37 (4): 932 – 956.

[135] Bantel K A, Jackson S E. Top Management and Innovations in Banking: Does the Composition of the Top Team Make a Difference? [J].

Strategic Management Journal, 1989, 10 (S1): 107-124.

[136] Daellenbach U S, McCarthy A M, Schoenecker T S. Commitment to Innovation: The Impact of Top Management Team Characteristics [J]. R&d Management, 1999, 29 (3): 199-208.

[137] Barker III V L, Mueller G C. CEO Characteristics and Firm R&D Spending [J]. Management Science, 2002, 48 (6): 782-801.

[138] Bantel K A, Jackson S E. Top Management and Innovations in Banking: Does the Composition of the Top Team make a Difference? [J]. Strategic Management Journal, 1989, 10 (S1): 107-124.

[139] Sitthipongpanich T, Polsiri P. Do CEO and Board Characteristics Matter? A Study of Thai Family Firms [J]. Journal of Family Business Strategy, 2015, 6 (2): 119-129.

[140] 陈洪. CEO 个人背景特征与过度投资 [J]. 绿色财会, 2012 (9): 45-48.

[141] Collins C J, Clark K D. Strategic Human Resource Practices, Top Management TEam Social Networks, and Firm Performance: The Role of Human Resource Practices in Creating Organizational Competitive Advantage [J]. Academy of Management Journal, 2003, 46 (6): 740-751.

[142] 石军伟, 胡立君, 付海艳. 企业社会资本的功效结构: 基于中国上市公司的实证研究 [J]. 中国工业经济, 2007 (2): 84-93.

[143] Geletkanycz, M. A., Boyd, B. K., & Finkelstein, S. The Strategic Value of CEO External Directorate Networks: Implications for CEO Compensation [J]. Strategic Management Journal, 2001, 22 (9): 889-898.

[144] McDonald M L, Khanna P, Westphal J D. Getting Them to Think outside the Circle: Corporate Governance, CEOs' External Advice Networks, and Firm Performance [J]. Academy of Management Journal,

2008, 51 (3): 453-475.

[145] Cao, Q., Simsek, Z. & Jansen, J. J. CEO Social Capital and Entrepreneurial Orientation of the Firm: Bonding and Bridging Effects [J]. Journal of Management, 2015, 41 (7): 1957-1981.

[146] Chikh, S., Filbien, J. Y. Acquisitions and CEO power: Evidence from French Networks [J]. Journal of Corporate Finance, 2011, 17 (5): 1221-1236.

[147] Finkelstein S, D'aveni R A. CEO Duality as a Double-edged Sword: How Boards of Directors Balance Entrenchment Avoidance and Unity of Command [J]. Academy of Management Journal, 1994, 37 (5): 1079-1108.

[148] Choe, C., Tian, G. Y. & Yin, X. CEO Power and the Structure of CEO Pay [J]. International Review of Financial Analysis, 2014, 35: 237-248.

[149] Beladi, H., Quijano, M. CEO Incentives for Risk Shifting and Its Effect on Corporate Bank Loan Cost [J]. International Review of Financial Analysis, 2013, 30: 182-188.

[150] Barker III V L, Mueller G C. CEO Characteristics and Firm R&D Spending [J]. Management Science, 2002, 48 (6): 782-801.

[151] Maccrimmon K, Wehrung D A. The Management of Uncertainty: Taking Risks [M]. New York: Free Press, 1986.

[152] Grimm C M, Smith K G. Research Notes and COMMUNICATIONS Management and Organizational change: A Note on The Railroad Industry [J]. Strategic Management Journal, 1991, 12 (7): 557-562.

[153] Thomas A S, Litschert R J, Ramaswamy K. The Performance Impact of Strategy-Manager Coalignment: An Empirical Examination [J]. Strategic Management Journal, 1991, 12 (7): 509-522.

[154] Wiersema M F, Bantel K A. Top Management Team Demography and Corporate Strategic Change [J]. Academy of Management Journal, 1992, 35 (1): 91 – 121.

[155] Child J. Managerial and Organizational Factors Associated with Company Performance Part I [J]. Journal of Management Studies, 1974, 11 (3): 175 – 189.

[156] Chown S M. A Factor Analysis of the Wesley Rigidity Inventory: its Relationship to Age and Nonverbal Intelligence [J]. The Journal of Abnormal and Social Psychology, 1960, 61 (3): 491.

[157] Miller D, Shamsie J. Learning across the Life Cycle: Experimentation and Performance among the Hollywood Studio Heads [J]. Strategic Management Journal, 2001, 22 (8): 725 – 745.

[158] Stevens J M, Beyer J M, Trice H M. Assessing Personal, Role, and Organizational Predictors of Managerial Commitment [J]. Academy of Management Journal, 1978, 21 (3): 380 – 396.

[159] Carlsson G, Karlsson K. Age, Cohorts and the Generation of Generations [J]. American Sociological Review, 1970 (5): 710 – 718.

[160] Dechow P M, Sloan R G. Executive Incentives and the Horizon Problem: An Empirical Investigation [J]. Journal of Accounting and Economics, 1991, 14 (1): 51 – 89.

[161] Jain B A, Tabak F. Factors Influencing the Choice between Founder Versus Non – founder CEOs for IPO Firms [J]. Journal of Business Venturing, 2008, 23 (1): 21 – 45.

[162] Richard O C, Shelor R M. Linking top Management Team Age Heterogeneity to Firm Performance: Juxtaposing Two Mid – range Theories [J]. International Journal of Human Resource Management, 2002, 13 (6): 958 – 974.

[163] Benveniste L M, Spindt P A. How Investment Bankers Determine the

Offer Price and Allocation of New issues [J]. Journal of financial Economics, 1989, 24 (2): 343-361.

[164] Cook D O, Kieschnick R, Van Ness R A. On the Marketing of IPOs [J]. Journal of Financial Economics, 2006, 82 (1): 35-61.

[165] 饶育蕾, 王攀. 媒体关注度对新股表现的影响-来自中国股票市场的证据 [J]. 财务与金融, 2010 (3): 1-7.

[166] 黄俊, 陈信元. 媒体报道与 IPO 抑价——来自创业板的经验证据 [J]. 管理科学学报, 2013, 16 (2): 83-94.

[167] Jang W Y. Media Exposure or Media hype: Evidence from Initial Public Offering Stocks in Taiwan [J]. Journal of Media Economics, 2007, 20 (4): 259-287.

[168] 林振兴. 网络讨论, 投资者情绪与 IPO 抑价 [J]. 山西财经大学学报, 2011, 33 (2): 23-29.

[169] Hao, Y., Chu, H. H., Ho, K. Y. & Ko, K. C. The 52-week High and Momentum in The Taiwan Stock Market: Anchoring or Recency Biases? [J]. International Review of Economics & Finance, 2016, 43: 121-138.

[170] Jarvik, M. E. Probability Learning and a Negative Recency Effect in the Serial Anticipation of Alternative Symbols [J]. Journal of Experimental Psychology, 1951, 41 (4): 291.

[171] Riddle, K., Potter, W. J., Metzger, M. J., Nabi, R. L., & Linz, D. G. Beyond Cultivation: Exploring The Effects of Frequency, Recency, and Vivid Autobiographical Memories for Violent Media [J]. Media Psychology, 2011, 14 (2), 168-191.

[172] Claessens, S., Feijen, E. & Laeven, L. Political Connections and Preferential access to Finance: the Role of Campaign Contributions [J]. Journal of Financial Economics, 2008, 88: 554-580.

[173] Faccio, M. Politically Connected Firms [J]. American Economic Re-

view, 2006, 96 (1): 369-386.

[174] Ferguson, T., Voth, H. J. Betting on Hitler—the Value of Political Connections in Nazi Germany [J]. Quarterly Journal of Economics, 2008, 123 (1): 101-137.

[175] Francis, B. B., Hasan, I. & Sun, X. Political Connections and The Process of Going Public: Evidence from China [J]. Journal of International Money and Finance, 2009, 28 (4): 696-719.

[176] Nee, V., Opper, S. Political Capital in a Market Economy [J]. Soc. Forces, 2010, 88 (5): 2105-2032.

[177] Shen, C. H., Lin, C. Y., & Wang, Y. C. Do Strong Corporate Governance Firms Still Require Political Connection, and Vice Versa [J]? International Review of Economics & Finance, 2015, 39, 107-120.

[178] Rissanen, O., Palonen, T., Pitkänen, P., Kuhn, G., & Hakkarainen, K. Personal Social Networks and the Cultivation of Expertise in Magic: an Interview Study [J]. Vocations and Learning, 2013, 6 (3): 347-365.

[179] Chikh, S., Filbien, J. Y. Acquisitions and CEO power: Evidence from French Networks [J]. Journal of Corporate Finance, 2011, 17 (5): 1221-1236.

[180] Dong, J., & Gou, Y. N. Corporate Governance Structure, Managerial Discretion, and the R&D Investment in China [J]. International Review of Economics & Finance, 2010, 19 (2): 180-188.

[181] Men, L. R. CEO Credibility, Perceived Organizational Reputation, and Employee Engagement [J]. Public Relations Review, 2012, 38 (1): 171-173.

[182] Fikret Pasa, S. Leadership Influence in a High Power Distance and Collectivist Culture [J]. Leadership & Organization Development Journal,

2000, 21 (8): 414 – 426.

[183] Morris, M. W., & Peng, K. Culture and Cause: American and Chinese Attributions for Social and Physical Events [J]. Journal of Personality and Social Psychology, 1994, 67 (6): 949 – 971.

[184] Zhuang, G., Xi, Y., & Tsang, A. S. Power, Conflict, and Cooperation: The Impact of Guanxi in Chinese Marketing Channels [J]. Industrial Marketing Management, 2010, 39 (1): 137 – 149.

[185] Tian, J. J., Haleblian, J. J. & Rajagopalan, N. The Effects of Board Human and Social Capital on Investor Reactions to New CEO Selection [J]. Strategic Management Journal, 2011, 32 (7): 731 – 747.

[186] Hua, T. Model for Evaluating the Classification Modes of the China's College Entrance Examination with Hesitant Fuzzy Information [J]. International Journal of Knowledge – based and Intelligent Engineering Systems, 2017, 21 (4): 265 – 272.

[187] Slater D J, Dixon – Fowler H R. The Future of the Planet in the Hands of MBAs: An Examination of CEO MBA Education and Corporate Environmental Performance [J]. Academy of Management learning & Education, 2010, 9 (3): 429 – 441.

[188] Boeker, W. "Organizational Origins: Entrepreneurial and Environmental Imprinting of the Time of Founding," in Ecological Models of Organizations [M]. Ed. G. R. Carroll. Cambridge: Ballinger Publishing Company, 1988.

[189] Brickley, J. A., Coles, J. L., & Jarrell, G. Leadership Structure: Separating the CEO and Chairman of the Board [J]. Journal of Corporate Finance, 1977, 3 (3): 189 – 220.

[190] Krause, R., Semadeni, M., & Cannella, A. A. CEO Duality: A Review and Research Agenda. Journal of Management, 2014, 40

(1): 256-286.

[191] Gormley, T. A., Matsa, D. A., & Milbourn, T. CEO Compensation and Corporate Risk: Evidence from a Natural Experiment [J]. Journal of Accounting and Economics, 2013, 56 (2): 79-101.